CONFIANÇA

Marco Tulio Zanini

CONFIANÇA
O PRINCIPAL ATIVO INTANGÍVEL DE UMA EMPRESA

2ª edição

FGV EDITORA

Copyright © 2016 Marco Tulio Zanini

Direitos desta edição reservados à
Editora FGV
Rua Jornalista Orlando Dantas, 37
22231-010 | Rio de Janeiro, RJ | Brasil
Tels.: 0800-021-7777 | 21-3799-4427
Fax: 21-3799-4430
editora@fgv.br | pedidoseditora@fgv.br
www.fgv.br/editora

Impresso no Brasil | *Printed in Brazil*

Todos os direitos reservados. A reprodução não autorizada desta publicação, no todo ou em parte, constitui violação do copyright (Lei nº 9.610/98).

Os conceitos emitidos neste livro são de inteira responsabilidade do(s) autor(es).

1ª edição – 2007
2ª edição – 2016

Revisão: Aleidis de Beltran
Projeto gráfico e diagramação: FA Studio
Capa: Marisco Desgin [Mari Taboada & Gabriel David]
Foto da capa: © Vernon Wiley/ iStock.com

Ficha catalográfica elaborada pela
Biblioteca Mario Henrique Simonsen/FGV

Zanini, Marco Túlio Fundão
  Confiança: o principal ativo intangível de uma empresa / Marco Túlio Fundão Zanini. – 2. ed. – Rio de Janeiro : FGV Editora, 2016.
  220 p.

  Inclui bibliografia.
  ISBN: 978-85-225-1854-8

  1. Administração de pessoal. 2. Confiança. 3. Motivação (Psicologia). I. Fundação Getulio Vargas. II. Título.

CDD – 658.3

Para Maria Luiza

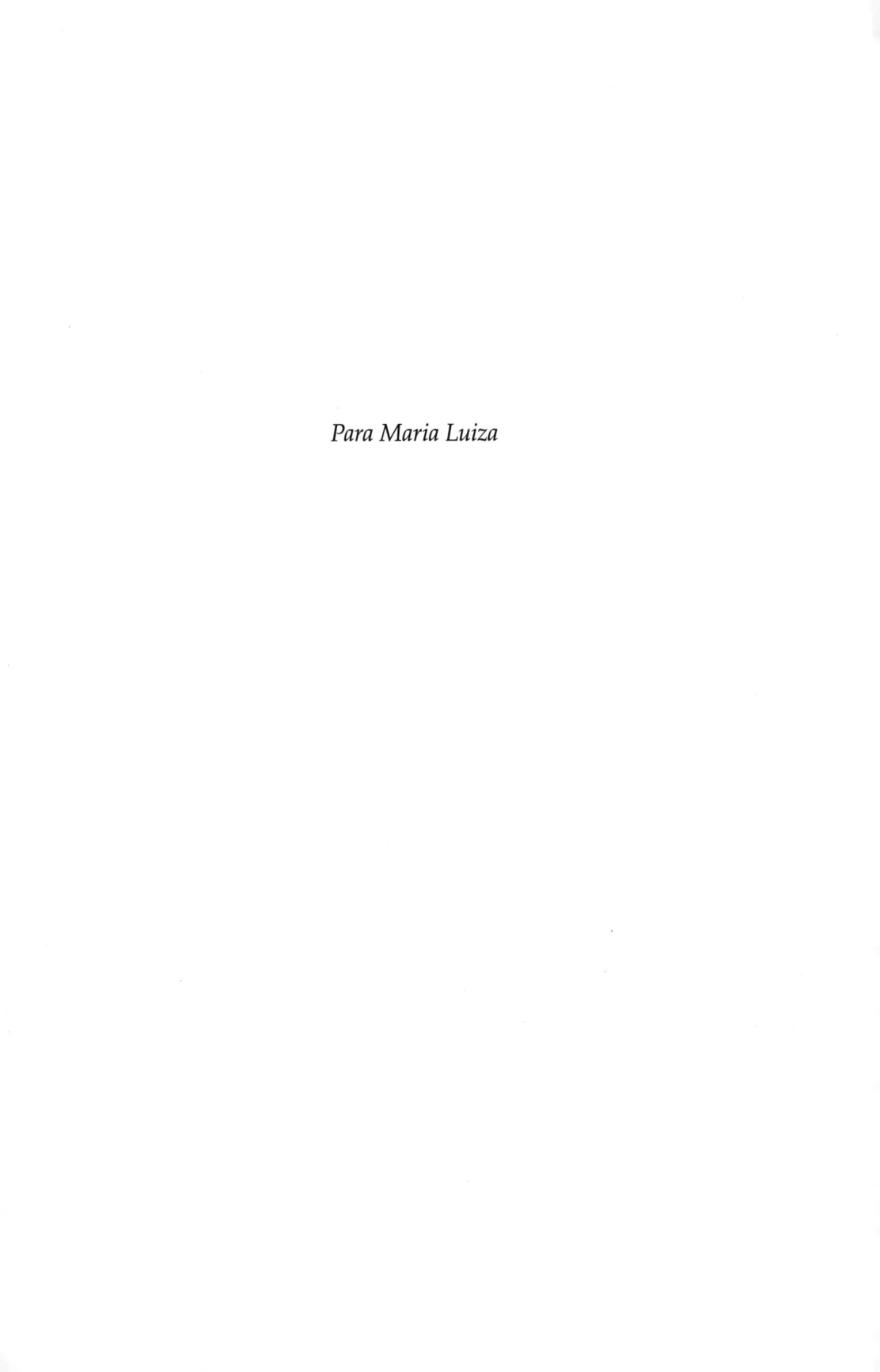

Sumário

Prefácio do autor para esta edição revista • 9

Introdução • 13

Parte 1 • Confiança na vida econômica • 19

1. Confiança no contexto econômico • 21
2. A formação da cooperação espontânea • 27
3. A eficiência das transações com base na confiança • 37
4. Elementos das relações de confiança • 53

Parte 2 • Confiança como ativo intangível organizacional • 81

1. Confiança na sociedade do conhecimento • 83
2. O intangível na criação do valor econômico • 89
3. Confiança como estilo de gestão • 93
4. Confiança nas organizações • 99
5. Confiança e desempenho • 119
6. Confiança e moralidade • 129
7. Contexto brasileiro e oportunidades • 133
8. *Missionários* ou *Mercenários* • 145

Parte 3 • Confiança em ação: estudo de casos • 151

1. Modernização penosa: o caso das empresas de telecomunicações no Brasil • 153
2. Kimberly-Clark Brasil: confiança para a gestão da mudança • 169
3. O Bope e a excelência operacional • 177

Notas • 195

Bibliografia • 211

O autor • 217

Prefácio do autor
para esta edição revista

Desde a primeira edição deste livro, em 2007, tenho realizado um trabalho intenso de consultoria, pesquisa e educação executiva em diversas organizações, o que tem me ensinado muito sobre a criação e a manutenção dos ativos intangíveis e sua relevância para o desempenho organizacional. A compreensão das relações de confiança permanece central para a gestão estratégica empresarial e acredito que continuará em evidência à medida que nos dirigimos cada vez mais para sistemas produtivos baseados na aplicação mais intensiva do conhecimento. Aplicar conhecimento em processos produtivos traz à tona a ideia da incerteza, que só pode ser combatida com a confiança.

Confiança é essencial para viabilizar qualquer transação econômica, esteja ela ocorrendo em mercados ou organizações. Muitas destas transações jamais aconteceriam sem confiança entre as partes. Em gestão, quando abordamos diversas disciplinas como *Mudança, Inovação, Qualidade, Fusões, Aquisições* e *Sustentabilidade,* temos necessariamente que considerar a confiança entre as partes que vão interagir para a construção de um bem comum. Ela é elemento mediador para o desempenho organizacional e, quanto mais buscamos eficiência empresarial em cenários complexos e imprevisíveis, mais nos deparamos com elementos mediadores do desempenho. Por isso, ainda que represente uma condição necessária porém insuficiente para explicar o desempenho, o interesse sobre o tema tem crescido constantemente, tanto na vida empresarial quanto na vida acadêmica.

Confiança e liderança representam duas faces da mesma moeda, o que as coloca atualmente no centro dos desafios da gestão empresarial.

As ações daqueles que dirigem as organizações têm assumido relevância cada vez maior, tornando-se objeto de discussão em várias esferas. Na busca da eficiência econômica ou em função de escândalos corporativos, algumas entidades comprometidas com o desenvolvimento econômico e social almejam aprimorar a gestão e a governança nos negócios.

Buscando identificar os princípios fundamentais de uma nova abordagem para a reconstrução de confiança nas empresas e nos negócios, o Fórum Econômico Mundial iniciou o *Leadership, Trust and Performance Equation Project*. Um projeto de alcance global que apresenta quatro objetivos: a) compreender por que os diversos públicos não confiam nas empresas e nos negócios; b) construir casos econômicos revelando como empresas conseguiram ganhar ou perder a confiança na relação com seus *stakeholders* e como isso tem impactado na licença social para operar, na competitividade, na performance dos níveis operacionais e na reputação empresarial; c) identificar áreas funcionais onde as empresas podem ganhar ou perder valor econômico, financeiro e não financeiro; d) apresentar estudos de casos sobre ações concretas de líderes empresariais que tenham assumido a construção das relações de confiança, em alguma dimensão, extraindo deles lições a serem compartilhadas e compreendendo os *tradeoffs* relevantes das decisões sobre onde e como alocar recursos.

Motivado por razões semelhantes, decidi apresentar alguns casos nesta nova edição que ilustram a construção da confiança e da confiabilidade nos negócios, fruto de investigações e de pesquisas aplicadas na área de consultoria. Apresento alguns estudos de caso: Kimberly-Clark Brasil, Bope (Batalhão de Operações Policiais Especiais da Polícia Militar do Estado do Rio de Janeiro), e o estudo do setor das telecomunicações no Brasil, que deu origem ao maior banco de dados do mundo sobre o tema relações de confiança nas empresas.

A atividade de consultoria em grandes empresas de um lado e a convivência com pesquisadores de primeira linha do outro é um privilégio para compreender melhor os desafios das empresas. Estreitar a relação entre a prática organizacional e a teoria acadêmica sempre foi um dos meus objetivos pessoais, e a combinação dessas atividades me permitiu entender melhor como a pesquisa aplicada de qualidade pode contribuir para amenizar os dilemas das instituições e reduzir os desafios do ambiente corporativo.

A conciliação das atividades de consultoria e pesquisa tem nos apresentado realidades muito diversas e complexas. Quanto mais nos aproximamos das empresas para compreender suas especificidades, mais percebemos que se tratam de realidades muito distintas onde a busca da eficiência e sustentabilidade depende principalmente do grau de alinhamento e maturidade profissional das lideranças, da filosofia administrativa, da cultura empresarial e da disciplina operacional adotada. Modelos e ferramentas de gestão tradicionais que permitiram obter ganhos de produtividade no passado começam a se mostrar bem menos efetivos no presente. Apesar dos discursos de simplificação, parece ingênuo reduzir a complexidade atual da gestão empresarial a modelos básicos e pouco sofisticados, que tentam minimizar os desafios que se apresentam, ocultando seus riscos associados. Combinar uma perspectiva interdisciplinar para a abordagem de problemas complexos com a rapidez que demandam as decisões empresariais e o controle das ameaças associadas à criação e à manutenção dos ativos intangíveis não é algo trivial. O CEO deve ter a capacidade de reunir um corpo executivo especializado, além de inteligência complementar para navegar em mares turbulentos.

Navegar pelos mares do conhecimento requer humildade, autoconfiança e alguma coragem para reconhecer que, nos dias atuais, não se produz algo relevante de forma isolada, mas por meio de redes de aprendizagem. Agradeço a muitas pessoas com quem tive a oportunidade de trabalhar nos últimos anos para o desenvolvimento deste tema, enriquecido com minha experiência como consultor, gestor e professor em educação executiva na Fundação Dom Cabral, Fundação Getulio Vargas, HSM e nas interações com colegas da Universidade Georgetown nos Estados Unidos, Esade na Espanha e da Universidade de Magdeburg, na Alemanha. Sou grato às contribuições relevantes que recebo de tantos amigos e colegas de trabalho: executivos, pesquisadores e participantes dos programas de educação executiva, mestrado e doutorado, tanto no Brasil quanto no exterior. Não posso listar nomes sem cometer o equívoco de esquecer alguém. Mas menciono em especial Carmen Migueles, pelo companheirismo, paciência, coragem e honestidade intelectual.

Março de 2016.

Introdução

Gestores e executivos que circularam pelas empresas nos últimos anos devem ter notado uma crescente diversificação dos ambientes organizacionais. Diferentes estilos de gestão marcam novos ambientes de trabalho. Por meio de variáveis institucionais como o processo histórico de uma indústria, o estágio do desenvolvimento das tecnologias e a estabilidade e dinâmica das demandas de mercado, formam-se distintos ambientes organizacionais dentro de nossa economia. Tal variedade de ambientes corporativos coloca em questão a eficiência dos instrumentos tradicionais de motivação e controle, e apresenta novos desafios para a gestão dos contratos de trabalho.

Observamos que, em algumas empresas, o ritmo é mais constante, os problemas são ponderados em maior profundidade, há maior estabilidade e sentimento de pertencimento à instituição, revelados pelos baixos índices de rotatividade de empregados e um bom clima organizacional. Há a preocupação da gestão com o desenvolvimento das equipes e com a qualidade de vida no trabalho. Geralmente tais empresas buscam seguir políticas de recursos humanos que privilegiam investimentos no treinamento e desenvolvimento de seus colaboradores, procuram operar dentro de padrões de alta qualidade e esforçam-se para estabelecer relacionamentos de longo prazo com colaboradores e fornecedores. Por outro lado, o cenário corporativo também inclui organizações que operam num ambiente de alta incerteza e competitividade, com um ritmo de trabalho alucinante. Há fortes pressões por resultados imediatos, obtidos por meios mais coercitivos, e maior competitividade interna entre os indivíduos. O clima organizacional dessas empresas muitas vezes não é nem aferido, pois a alta administração não considera isso um indicador de qualidade em gestão. Pessoas são substituídas com facilidade e não há políticas de recursos humanos bem-definidas para o desenvolvimento dos funcionários.

Geralmente, as empresas que de fato investem em suas equipes buscam o estilo de gestão das "melhores empresas para se trabalhar", procurando medir sua eficiência por meio de níveis de qualidade e sustentabilidade com base no médio e longo prazo. Este estilo também está relacionado à gestão da cultura corporativa e a outros indicadores que refletem as relações humanas dentro da empresa. Elas apostam na retenção e no desenvolvimento de seus talentos humanos. Visto por outro ângulo, as empresas que funcionam num ritmo de incerteza e estresse estão focadas no retorno financeiro de curto prazo em detrimento dos possíveis ganhos a longo prazo. As relações sociais dentro dessas empresas não são prioridade e, ainda que possam existir medidas de satisfação e motivação dos colaboradores, ou de clima organizacional, elas não possuem um peso considerável nas decisões gerenciais. Muitas vezes, estas empresas operam com altas taxas de rotatividade de empregados e, de certa forma, pouca preocupação com a retenção de seus "talentos humanos". Pessoas são entendidas efetivamente como "recursos" que podem ser contratados no mercado quando necessários.

Apesar de a descrição destes dois estilos de gestão empresarial sugerir dois extremos opostos, podemos identificar suas tendências, ou variações, em qualquer empresa contemporânea. Estas observações nos sugerem um balanço entre a aplicação de mecanismos formais de monitoramento e controle, mais coercitivos, e investimentos consecutivos, ao longo do tempo, na construção de mecanismos sociais de gestão, mais consensuais e cooperativos. Esta realidade nos faz refletir, afinal, até que ponto a gestão com base em instrumentos de coerção, que produza pressões de curto prazo, pode ser vantajosa para uma empresa? Visto de outro ângulo, até onde uma gestão focada em mecanismos sociais, ou seja, em maior consenso e cooperação, pode produzir melhores resultados?

É certo que há uma grande quantidade de variáveis relativas à eficiência organizacional que influenciam no desempenho econômico, e que devem ser consideradas na escolha de um estilo de gestão. Não é possível afirmar qual dessas duas formas de gerenciamento é mais eficiente em termos econômicos, senão por uma análise mais precisa de seus efeitos sobre a motivação da força de trabalho e seu alinhamento com os objetivos estratégicos da empresa. Para alguns segmentos industriais é fundamental ter um corpo de funcionários bem-treinado e comprometido com metas organizacionais de longo prazo. Para outros, o treinamento específico e a retenção de funcionários não são tão importantes, e o que garante a sobrevivência da empresa é a sua capacidade de apresentar retorno financeiro a curto prazo, a qualquer custo, ou em aumentar sua fatia de mercado num ritmo acelerado. Essas duas realidades se apresentam como uma dicotomia sobre o entendimento de sucesso no mercado.

As formas de trabalhar nesses dois modelos de gestão variam muito, e aqueles indivíduos bem-adaptados ao modelo onde se inserem muitas vezes veem o outro com certo desprezo ou preconceito. De modo geral, percebemos a formação de dois paradigmas de gestão representados por estes extremos, claramente delineados na mente dos executivos das empresas. Mas o que vemos são apenas duas formas, igualmente possíveis e eficientes de se trabalhar ou há diferenças substanciais de resultados entre um modelo e outro? Quais os prós e os contras dos dois? Há variáveis mais complexas nos ambientes externos em que essas empresas operam e que podem definir um estilo de gestão de maior eficiência? E se considerarmos que são os ambientes externos que direcionam as maneiras mais apropriadas e proveitosas de se trabalhar? Quais são as consequências disso para os resultados organizacionais e para o indivíduo que trabalha dentro desses sistemas? Que tipo de modelo de gestão permite à empresa maior capacidade de adaptação externa e que tipo cria bases mais sustentáveis a longo prazo?

A escolha de um modelo de gestão mais adequado deveria ser menos derivada de um paradigma de pensamento do que de uma decisão racional. Mas é ainda difícil visualizar tudo o que está em jogo na hora de se fazer essa escolha. Muitos executivos apenas perpetuam seu modelo de comportamento, conforme aprendido em sua trajetória profissional, mesmo quando são transferidos para assumir novos cargos em outras indústrias, tendo em vista outras variáveis no ambiente de trabalho.

Quase não percebem que reproduzem alguns padrões de comportamento dentro de determinados contextos sociais que se mostraram eficientes e bem-sucedidos por certo tempo. Ao longo dele comunicam algumas "verdades" de acordo com circunstâncias específicas, nem sempre comprovadas. Por exemplo, para muitos executivos, criar pressão sobre os subordinados pode parecer eficiente. Mas se há algo que aprendemos com todos os estudos sobre eficácia organizacional, é que esta não se constrói por meio de incentivos e pressões de forma isolada. Métodos adequados de trabalho, procedimentos e processos bem-estruturados, funcionários motivados e bem-treinados podem gerar resultados superiores, mesmo que, aparentemente, as pessoas pareçam estar trabalhando menos. Muitas vezes, elas podem ser mais eficazes em concordância com seu próprio ambiente institucional. Por outro lado, é verdade que a aparente eficácia dos modelos de gestão bem-estruturados, baseados em indicadores de longo prazo, que favorecem mais a qualidade das relações sociais dentro da empresa, pode esconder uma série de inadequações, como a falta de motivação e a resistência dos funcionários em agir de forma mais agressiva diante dos concorrentes, o que traz a perda de oportunidades preciosas.

Na intenção de apoiar os gestores em processos decisórios mais conscientes por intermédio da ampla investigação na formação destes estilos de gestão distintos, este livro apresenta as *relações de confiança* como elemento central para a análise dos contratos relacionais de trabalho e como um indicador de gestão. O foco nas relações de confiança dentro das organizações nos permite analisar a capacidade de promover cooperação espontânea e motivação no ambiente de trabalho. A confiança reside no núcleo das relações interpessoais e revela o potencial de uma empresa em criar um diferencial competitivo.

Confiança é um elemento central para a análise dos contratos de trabalho. A observação das relações de confiança entre os membros de uma organização (verticais e horizontais) revela a capacidade da gestão de construir um ativo intangível de valor inestimável, fruto de normas e regras formais e informais, que dirigem as interações humanas. É um indicador que fornece informações significativas sobre vários aspectos da gestão, mostrando uma dimensão relevante do estilo de gestão predominante na empresa. A promoção das relações de confiança dentro de uma organização é uma consequência positiva de um modelo de gestão que surge na dinâmica entre o exercício da liderança, a aplicação de um sistema de recompensas e punições e a cultura organizacional.

Nas empresas, a confiança é um mecanismo de coordenação informal e flexível, crítico para a redução do risco inerente a diversos processos de mudança e transformação organizacional, tais como: fusões e aquisições, gestão do crescimento, gestão de parcerias e alianças, gestão da inovação e inteligência competitiva. Revela a qualidade da liderança da organização e a predisposição geral das pessoas para enfrentarem tais processos de mudança e transformação organizacional.

Neste sentido, o tema *confiança* tem sido abordado por estudiosos como um mecanismo social complementar para a gestão empresarial. A existência das relações de confiança pode influenciar positivamente a criação de valor econômico, por exemplo, por meio da harmonização de conflitos entre agentes corporativos. A presença de confiança entre os membros de uma empresa pode aumentar de forma significativa a eficiência organizacional, por meio da redução dos custos de coordenação e transação entre os agentes, tornando-se um ativo intangível de inestimável valor econômico. A confiança potencializa a eficiência das negociações nas interações, gerando coordenação flexível dentro das estruturas burocráticas, reduzindo os gastos com controle e monitoração. A sociabilidade espontânea que envolve as relações de confiança funciona como uma forma de coordenação informal, e, ao mesmo tempo, pode ser uma precondição para o sucesso e a sobrevivência das organizações.

Quando as relações de confiança ocorrem de forma eficiente, as instituições formais – representadas por contratos de trabalho e pelo sistema legal – tornam-se condições necessárias, porém menos relevantes, para assegurar o desempenho organizacional. A presença da confiança nas estruturas hierárquicas é fator fundamental para a flexibilidade, desenvolvimento e sustentabilidade das organizações, na forma de *capital social* corporativo.

Desta forma, na primeira parte deste livro são apresentados alguns conceitos e definições numa perspectiva econômica para o tema confiança. Nesta perspectiva, a *confiança* é frequentemente compreendida por uma abordagem mais racionalista. O foco nos motivos econômicos pode nos ajudar a compreender melhor o elemento confiança de uma forma mais *calculada*, não rejeitando, porém, sua mais ampla abordagem e definição social ou relacional. Assim, muitos dos conceitos aqui apresentados seguem os princípios de maximização da utilidade individual, o comportamento oportunista e a racionalidade limitada.[1]

Na segunda parte do livro, abordamos o elemento confiança interpessoal como um ativo intangível dentro das empresas. Buscamos entender a relevância das relações de confiança para a eficiência e o desempenho da empresa, e o seu papel mediador para as tarefas organizacionais. Analisamos o elemento confiança como um mecanismo de coordenação informal e complementar para a gestão, e suas relações com a formação de distintos estilos de gestão relacionados a diferentes ambientes institucionais. Observamos também os dilemas e oportunidades para a formação das relações de confiança dentro do contexto cultural brasileiro.

Finalmente, na terceira parte do livro, são apresentados alguns casos reais que ilustram modelos de gestão baseados em confiança, fruto de nossas atividades de consultoria e pesquisa acadêmica. Destacamos os casos Kimberly-Clark Brasil e Bope/RJ (Batalhão de Operações Policiais Especiais). Também ganha destaque a primeira pesquisa empírica realizada no Brasil, em 2004, abordando os níveis de confiança dentro de empresas privadas e as relações com outros indicadores de gestão. Esta pesquisa originou o maior banco de dados do mundo sobre confiança em empresas privadas até os dias de hoje.

Com isso, esta obra pretende oferecer uma contribuição para os estudos sobre a gestão de ativos intangíveis organizacionais, entendendo a centralidade da confiança e seu papel mediador para o desempenho organizacional. A iniciativa de escrever sobre o tema nasceu da observação empírica da realidade das organizações, e, após alguns anos de estudos e trabalhos de consultoria, isso retorna como uma contribuição às ciências administrativas. Temos a certeza de que este assunto extrapola os limites da nossa proposta, e que o leitor mais atento, seja ele executivo, consultor, estudante ou pesquisador, terá muito a acrescentar às nossas análises, o que será muito bem-vindo.

Parte 1

CONFIANÇA NA VIDA ECONÔMICA

1 | Confiança no contexto econômico

"Há um elemento de confiança em toda transação."

Kenneth J. Arrow (1973)

No mundo dos negócios, muitas transações econômicas ocorrem apenas porque pessoas confiam umas nas outras. Apesar do frequente uso de mecanismos formais que conferem certa segurança a essas transações, como a intermediação de instituições financeiras, contratos formais e sistema legal, muitos negócios celebrados entre agentes apresentam um risco eminente que, de certa forma, é absorvido pelas relações de confiança. Por trás do jogo de interesses em que as transações econômicas ocorrem, entre agentes de mercado ou dentro das empresas, há sempre uma dimensão social envolvendo uma relação de confiança. A cooperação gerada por meio das relações de confiança entre os agentes de interação cria laços de interdependência, de modo que muitos dos investimentos realizados só podem ser compensados se os agentes econômicos envolvidos cumprirem com suas promessas.

Confiança é um fenômeno social que vem sendo abordado recentemente em estudos de economia, sociologia e gestão organizacional.¹ Acadêmicos e pesquisadores têm comprovado a importância da confiança interpessoal promovendo relações consensuais e cooperação entre os indivíduos dentro das empresas. Ela exerce um papel informal nas funções de coordenação e controle de muitas tarefas organizacionais, contribuindo, por exemplo, para a transferência do conhecimento, para a melhoria da eficiência e da produtividade e para a redução dos custos de transação.²

O crescente interesse sobre o tema é uma resposta às demandas mais recentes do mundo dos negócios, que busca soluções para promover a cooperação espontânea dentro das empresas contemporâneas. Estudiosos observam que as relações de confiança geradas nas relações familiares ou em sociedades de pequena escala não podem ser transferidas automaticamente para sociedades mais complexas formadas com base na divisão do trabalho.³ Assim, a promoção da confiança é necessária para a construção dessas instituições sociais, como as relações hierárquicas desenvolvidas a partir de autoridade e controle.

Podemos entender que os conceitos econômicos sobre confiança foram gerados como resposta aos problemas de incerteza entre agentes econômicos. A variedade de possíveis comportamentos de cada parceiro de interação define as expectativas que os indivíduos possuem quando interagem uns com os outros, e o grau de certeza dos seus benefícios. A questão central da abordagem do tema na vida econômica reside no fato de que a presença de confiança reduz as incertezas no presente, a partir de informações do passado, sinalizando como parceiros de interação poderão reagir no futuro. Isso ocorre porque muitas decisões têm como referência padrões de comportamento que se repetem ao longo do tempo. Portanto, numa perspectiva organizacional, podemos considerar que a confiança funciona como um importante mecanismo para a redução do risco comportamental dentro de sistemas sociais. Ou seja, a confiança entre agentes reduz as chances de comportamentos oportunistas e motiva indivíduos a agirem sem o receio de prejuízos pessoais, oferecendo seus melhores esforços e ideias para a criação de valor econômico.

Na perspectiva econômica, confiança pode ser compreendida como *a aceitação antecipada e voluntária de um investimento de risco, abdicando de mecanismos de segurança e controle, na expectativa de que a outra parte não agirá de modo oportunista*. Portanto, a análise econômica entende confiança como uma subclasse das situações de risco relacionadas ao comportamento humano. Neste sentido, para que haja confiança entre as pessoas é necessário que coexistam dois componentes: *voluntariedade* e *vulnerabilidade*. Ou seja, aquele que investe confiança deve fazê-lo de forma voluntária, pelo livre exercício da sua liberdade individual, assumindo algum grau de risco relacionado ao comportamento do(s) outro(s), mas colocando-se vulnerável.

As teorias organizacionais pressupõem que existe uma importante interdependência entre aquele que oferece confiança e aquele que confia. Mais ainda, como a confiança é subjacente a uma relação de risco ou incerteza, subsiste a crença e a expectativa de que a vulnerabilidade resultante da aceitação do risco não será objeto de oportunismo pela outra parte. Tais expectativas são construídas a partir das interações sociais, no objeto e no contexto no qual a relação de confiança se encontra. Para o sociólogo alemão Niklas Luhmann, a confiança deriva de valores compartilhados, ou seja, ela vincula a suspensão do puro interesse egoísta em favor de uma orientação para os interesses da coletividade.[4] Do mesmo modo, as expectativas na relação com os outros são construídas e estruturadas com base na análise de custo-benefício de certas ações para o indivíduo que investe confiança. Sendo assim, confiar é uma decisão de risco,[5] podendo ser analisada a partir de três pontos: as questões associadas à vulnerabilidade e risco, à reciprocidade e à dinâmica das expectativas.

Em relação às questões associadas à vulnerabilidade e risco, como já afirmamos, a confiança significa a disposição de alguém em se colocar vulnerável em relação ao outro, cujo comportamento não pode ser controlado e conhecido previamente, seja por crer na competência, franqueza, caráter ou responsabilidade do outro. A confiança, portanto, oferece segurança às pessoas para assumirem riscos. Quanto à reciprocidade, representa um ciclo virtuoso as repetidas interações entre pessoas que investem em relações de confiança. Ao interagirem uns com os outros, aprendem que manter estratégias de cooperação recíproca traz benefícios individuais. As interações que atendem às expectativas positivas tendem a perdurar, conduzindo também às expectativas de longo prazo. Essa dinâmica forma o elemento central da confiança organizacional, criando uma predisposição para assumir riscos estruturados, na esperança de que a outra parte honrará o investimento daquele que confia.

Em sociedades em que as pessoas cooperam espontaneamente, o bem coletivo é produzido com mais facilidade e menor custo. A existência de confiança gera segurança para empreender determinadas ações e estimula o exercício das liberdades individuais. Neste sentido, a confiança funciona como um mecanismo produzido pela cultura de uma sociedade por meio de normas sociais, formais e informais, permitindo aumentar a eficiência das transações, seja em mercados ou dentro de hierarquias.

Dentro de uma organização os níveis de confiança são importantes indicadores do estilo de gestão dos contratos de trabalho. Esses contratos são desenvolvidos com base na confiança interpessoal. Mesmo que eles necessitem ser firmados por escrito (por exigência legal), ao longo do tempo tornam-se contratos relacionais. Em vez de antecipar todas as contingências futuras, esses contratos prenunciam uma série de incertezas, na forma de transações entre os parceiros de interatividade, durante um longo período de tempo. A eficiência desses contratos de trabalho está relacionada com a perspectiva de ganhos e benefícios a longo prazo, tanto para a empresa quanto para o funcionário. Por isso são considerados incompletos por definição, adaptando-se aos novos contextos (informações) que porventura possam alterar o seu equilíbrio no tempo, daí originando novas condições de interação.

Com confiança, os problemas contratuais que podem surgir numa relação de trabalho se reduzem significativamente, pois ela produz formas mais espontâneas e informais de cooperação, por meio da socialização dos indivíduos em uma cultura corporativa mais consistente. A confiança funciona como um mecanismo implícito de coordenação e controle para diversas tarefas organizacionais, aumentando a eficiência da relação contratual. Ela permite que indivíduos estabeleçam relações mais diretas uns com os outros em vez do uso excessivo de mecanismos burocráticos de controle e monitoração, pois estes podem inibir o surgimento da cooperação espontânea.

Por outro lado, sua ausência pode significar o uso ineficiente dos recursos humanos ou a carência de melhores esforços para alcançar níveis superiores de cooperação espontânea. A gestão baseada no controle direto e na monitoração do trabalho, utilizando mecanismos de natureza coercitiva, tem sua ênfase e foco na conquista de resultados individuais de curto prazo, admitindo com frequência alta rotatividade dos empregados. Quanto mais se intensifica a aplicação de processos formais de monitoração e controle, mais se reduzem os efeitos e os possíveis benefícios dos mecanismos sociais, mais consensuais e participativos, que caracterizam um estilo de gestão baseado em confiança.

Os níveis de confiança representam um importante indicador para a gestão dos ativos intangíveis de uma empresa, como precondição para algumas disciplinas organizacionais. Alguns exemplos: movimentos de adaptação e mudança organizacional; processos de sucessão da alta liderança; processos de fusões e aquisições (especialmente no período pós-fusão para a qualidade da integração); gestão da qualidade e excelência operacional; gestão para o crescimento; gestão da inovação e do conhecimento; busca de disciplina operacional; gestão da sustentabilidade organizacional; gestão das expectativas nas relações de trabalho e na adoção de estruturas organizacionais mais flexíveis baseadas em autonomia.

Relações de confiança são resultantes do estilo de liderança adotado, da aplicação conjunta de incentivos formais e informais (entre eles os sistemas de remuneração e recompensas) e das regras informais que caracterizam uma cultura corporativa em particular. Estão fortemente relacionadas à percepção de justiça, transparência, integridade e consistência nas relações de trabalho. Notavelmente, há uma relação entre confiança e moral, pois a prática moral, que caracteriza uma cultura corporativa em particular, reflete igualmente a percepção de justiça, que por sua vez reforça ou inibe as relações de confiança dentro da empresa.

Essas observações nos ajudam a compreender que a confiança é um elemento necessário, porém insuficiente para a análise do desempenho organizacional. Ainda que muitos estudos relacionem níveis de confiança a desempenho organizacional, esta relação pode ser mais bem-observada como um *elemento mediador* para a criação de valor econômico em determinados ambientes corporativos. Sua presença entre agentes corporativos influencia a execução de diversas tarefas organizacionais. Portanto, é uma variável sensível que nos revela a dimensão do capital social de uma organização.

Uma dimensão importante a se considerar para a adoção de um estilo de gestão com base na confiança é o ambiente em que a empresa opera. Diferentes arranjos institucionais relacionados a diversas indústrias apresentam maior ou menor grau de incerteza ambiental, que por sua vez podem limitar o desenvolvimento dos níveis de confiança nas organizações. Incertezas, na forma de volatilidade de demandas de mercado ou volatilidade tecnológica, afetam consideravelmente a estabilidade das relações entre os indivíduos, dificultando o desenvolvimento das relações de confiança. Empresas que operam em ambiente institucional de alta incerteza e baixa estabilidade, frequentemente associadas a demandas instáveis, por exemplo, causadas por constantes rupturas tecnológicas, geralmente terão maior dificuldade para o desenvolvimento das relações de confiança em suas rotinas de trabalho.

2 A FORMAÇÃO DA COOPERAÇÃO ESPONTÂNEA

A *Teoria dos jogos*, uma extensão da *Teoria da decisão racional*, nos oferece uma boa perspectiva analítica para compreendermos a cooperação entre agentes interativos. A confiança é frequentemente ilustrada na *Teoria dos jogos* como um elemento possibilitador de cooperação entre parceiros de interação.[6] Para que relações de cooperação e confiança possam se estabelecer é necessário que interações consecutivas entre indivíduos ocorram durante um razoável período de tempo, considerando a probabilidade para a continuidade destas interações de forma que o seu término seja randômico ou imprevisível. Além disso, agentes interativos devem perceber que os benefícios e as vantagens decorrentes destas interações prevalecem a longo prazo em detrimento de possíveis tentações de ganhos individuais a curto prazo.

A *Teoria dos jogos* nos ajuda a entender que é muito difícil manter relações de cooperação quando não existe uma certa probabilidade de continuidade das interações entre os agentes. Na linguagem da *Teoria dos jogos*, quando o jogo não é repetido ou quando há uma grande probabilidade de chegar ao fim, os jogadores não possuem motivações suficientes para depositar confiança uns nos outros. Ou seja, se os agentes percebem que não poderão mais interagir, eles se desmotivam e deixam de cooperar e confiar uns nos outros, buscam apenas maximizar os ganhos a curto prazo. Isso pode ser ilustrado por meio do conhecido *Dilema dos prisioneiros* (ver figura 1).[7]

Figura 1 – Dilema dos prisioneiros

		B	
		cooperar	desertar
A	cooperar	(1, 1)	(10, L)
	desertar	(L, 10)	(5, 5)

Nesta perspectiva, a interação entre dois agentes independentes é sempre feita sob a forma de um jogo entre partes oponentes. Ambas as partes devem tomar decisões com base nas informações disponíveis tentando obter o melhor resultado possível. Assume-se que os jogadores são racionais e egoístas e desejam maximizar seus resultados, independentemente dos demais indivíduos envolvidos. Eles não tomam decisões por altruísmo ou simpatia pelo oponente, mas por um cálculo dos possíveis benefícios ou perdas, decorrentes de suas estratégias. Dessa maneira, ambos os jogadores são capazes de perceber que o outro também busca a maximização de seus próprios resultados e, portanto, os dois podem se valer desta informação em suas decisões para traçar suas estratégias.

A figura 1 apresenta uma versão do tradicional *Dilema dos prisioneiros*. O jogo é ilustrado pela história de um roubo a banco realizado por dois suspeitos, A e B. Eles são presos pela polícia logo após o roubo e levados a um interrogatório em salas separadas. Ou seja, permanecem incomunicáveis. A polícia tem provas insuficientes e busca obter mais informações pela confissão de culpa dos suspeitos, e, para tanto, oferece o mesmo acordo a cada um deles: caso um resolva confessar testemunhando contra o outro, e esse outro permanecer em silêncio, o que confessou sairá livre enquanto o cúmplice silencioso cumprirá 10 anos de sentença. Se ambos ficarem em silêncio, a polícia só poderá condená-los a um ano de sentença. Se ambos aceitarem o acordo da polícia e traírem o comparsa, cada um ficará cinco anos na cadeia. Cada suspeito terá que tomar a sua decisão sem saber que decisão o outro vai tomar. Nenhum deles terá certeza da decisão do outro.

Neste caso, os dois prisioneiros podem se beneficiar individualmente pela redução da pena, se confessarem o crime, traindo o comparsa. Mas o melhor resultado para ambos só poderá ser alcançado se ambos resolverem cooperar com o outro, permanecendo em silêncio. Este resultado está baseado na confiança recíproca, e, caso isso não ocorra, o que confiar correrá o risco de ter o pior resultado (10 anos de sentença) em função da traição do comparsa. Assim, existem três possíveis resultados: 1) os dois prisioneiros podem cooperar um com o outro e não confessar o crime, e, consequentemente, obter a vantagem da redução de suas penas para um ano; 2) ambos podem desertar da cooperação mútua, confessando o crime à polícia, recebendo cinco anos de cadeia; 3) um deles poderá escolher cooperar e o outro trair. Neste caso, o prisioneiro que confessou o crime será libertado (L), recebendo o maior benefício, a liberdade, e será usado pela polícia como testemunha contra o outro, que cumprirá pena de 10 anos por não ter dito a verdade.

Neste jogo de um só lance (também chamado *one-shot game*) assume-se que ambos os jogadores, A e B, não poderão interagir e se comunicar antes de optarem por *cooperar* ou *desertar*. A racionalidade entre os oponentes A e B faz com que seja preferível a ambos adotar uma estratégia de *deserção*, uma vez que não é possível conhecer antecipadamente a real intenção do outro agente de interação. Se ambos confiassem e, portanto, optassem por cooperar um com o outro, receberiam os melhores benefícios do quadrante superior à esquerda, com a menor pena (1, 1). No entanto, como não é possível conhecer as reais intenções do oponente, a estratégia dominante para ambos os jogadores será sempre *desertar* em vez de *cooperar*, e os dois receberão os valores do quadrante inferior à direita (5, 5), com penas de cinco anos. A opção pela cooperação é uma estratégia arriscada, uma vez que o oponente pode optar por *desertar*. O preço pela opção estratégica de cooperação irracional pode ser muito alto. Por outro lado, o prêmio do oponente pela *deserção* será alto (liberdade), caso decida confessar o crime. Nesses casos, o quadrante superior à direita e o inferior à esquerda revelam respectivamente os valores de (10, L) ou (L, 10).

O mesmo *Dilema dos prisioneiros* pode ser apresentado de outra forma, atribuindo os valores como *ganhos* (figura 2) e não como *perdas* como vimos na figura 1. A figura 2 apresenta o mesmo *Dilema* na forma de maiores ganhos, mantendo a mesma lógica: apesar da possibilidade de o maior ganho se realizar na opção pela deserção de um dos jogadores ante a cooperação do outro num jogo de um só lance (15, -5 ou -5, 15), os ganhos mútuos ao longo do tempo poderão se realizar caso ambos os jogadores decidam cooperar um com o outro repetidamente (10, 10).

Figura 2 – Dilema dos prisioneiros

		B	
		cooperar	desertar
A	cooperar	(10, 10)	(-5, 15)
	desertar	(15, -5)	(0, 0)

O *Dilema dos prisioneiros* nos ensina que a estratégia da cooperação racional pode ser alcançada na medida em que os parceiros de interação passem a confiar uns nos outros e, portanto, decidam *cooperar* em vez de *desertar*. Neste sentido, a confiança é uma solução para o *Dilema dos prisioneiros*. Mas, para que isso ocorra, será necessário que os parceiros de interação tenham alguma informação anterior sobre o outro e que existam perspectivas de benefícios mútuos.

Como a maior parte das transações entre os membros de uma organização é realizada por repetidas interações, a perspectiva dos *Jogos repetidos*, ou *Jogos sequenciais*, pode ilustrar melhor o que ocorre quando eles passam a interagir por um período de tempo maior. Passemos então a assumir que os agentes de interação A e B começarão a jogar repetidamente o mesmo jogo.

Como ilustra a abordagem dos *Jogos repetidos*, se um parceiro de interação entende que existe o interesse do outro companheiro em continuar a interagir a longo prazo, ele poderá confiar que seu parceiro não possui motivações em ceder às tentações de agir de maneira oportunista a curto prazo, traindo a sua confiança. Ou seja, os interesses comuns de longo prazo levam ambos a cooperarem, confiando um no outro. A figura 3 mostra como o jogo anterior poderá se tornar um jogo sequencial de cooperação.

Figura 3 – Cooperação como um jogo infinito

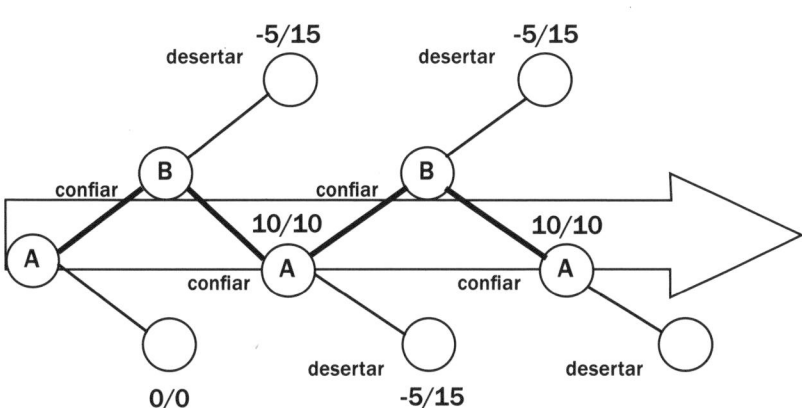

Como ilustra a figura 3, os parceiros de interação poderão aprender que cooperar é a melhor estratégia a longo prazo e por isso poderão assumir a estratégia de cooperação. Ameaças e promessas relativas ao comportamento futuro irão influenciar o comportamento presente, e os *Jogos repetidos* capturam este fato da vida real. Os jogadores cooperativos irão obter melhores ganhos buscando maximizar seus resultados a longo prazo. Criarão uma reputação pessoal que servirá de informação para outros jogadores, membros da organização, e terão menos incentivos para desertar porque racionalmente será mais vantajoso manter sua boa reputação e continuar a obter os ganhos constantes ao longo do tempo, assumindo uma estratégia de reciprocidade no jogo.

Este é o argumento central de Axelrod (1984). O autor demonstra que a melhor estratégia em jogos repetidos é o que ele chama de *Tit-for-Tat* (Olho por olho). Isso significa que o jogador que inicia o jogo (A) começa pela estratégia de *cooperar* e em seguida segue em reciprocidade ao movimento do segundo jogador (B). A estratégia de *cooperar* tem por base o entendimento mútuo de que *desertar* significa obter piores resultados para ambos a longo prazo, e apenas a opção pela cooperação mútua permite superar as situações de perda. No entanto, em estratégias de reciprocidade, como *Tit-for-Tat*, os jogadores devem punir os outros jogadores que desertarem e quebrarem a estratégia de reciprocidade. A punição pela deserção é a própria condição de deserção que implica em perda de reputação e falta de confiança, e consequentemente perda dos possíveis benefícios que esta relação pode oferecer a longo prazo. Ou seja, o receio da punição é o mecanismo que assegura e garante a cooperação mútua a longo prazo.

Axelrod demonstra por meio de estratégias cooperativas dois pontos importantes: 1) as expectativas mútuas de encontros repetidos sobre um período indeterminado de tempo são suficientes para induzir agentes interativos a agirem de forma cooperativa, e desta forma relações de confiança podem se desenvolver de modo apropriado; 2) a cooperação entre agentes pode ser alcançada sem a necessidade de uma autoridade central. Igualmente, Sen (1967) demonstra que a cooperação pode emergir entre indivíduos a partir de um consenso razoável, em situações percebidas como mutuamente benéficas, quando o bem coletivo é tecnologicamente limitado e os recursos são escassos (como os recursos orçamentários dentro de uma empresa).[8] Reduzindo-se a probabilidade de futuros encontros entre os parceiros de interação, as chances de as pessoas desenvolverem relacionamentos de confiança diminuirá.

Com base em estudos do comportamento coletivo em dilemas sociais usando *Jogos repetidos*, Ostrom (2003) apresenta um esquema (figura 4) contendo as variáveis centrais para a formação das relações de confiança. São elas: reciprocidade e reputação.

Figura 4 – Relações de confiança e cooperação em dilemas sociais repetidos

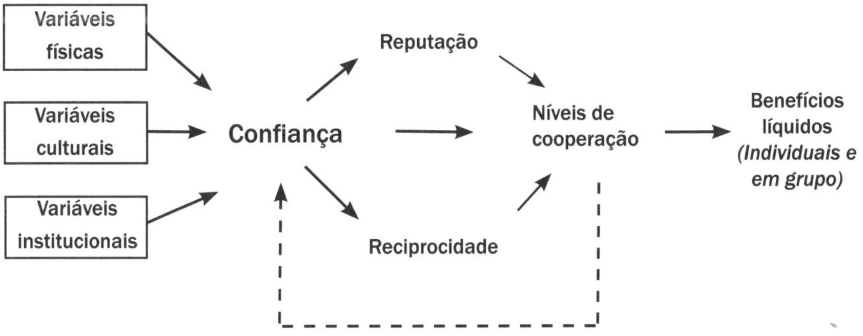

```
Variáveis
físicas  ──┐
           ↘         Reputação
Variáveis          ↗         ↘
culturais ─→ Confiança ──→ Níveis de ──→ Benefícios
                     ↘         ↗         cooperação    líquidos
Variáveis          ↑         ↑                       (Individuais e
institucionais ──┘            │                        em grupo)
                   └── Reciprocidade ──┘
```

Fonte: Ostrom (2003).

Em geral, as pessoas usam experiências do passado como padrão para agirem no presente. Quanto mais benefícios receberam no passado, fruto de interações com outros parceiros que tenham usado de estratégias de reciprocidade, maiores serão suas inclinações para manterem as mesmas estratégias de reciprocidade no presente. Quanto mais agirem sob a reciprocidade, menos terão inclinações para *desertar*. Ou seja, a confiança torna-se um comportamento esperado que se repete porque gera benefícios mútuos. Um aprendizado que reforça um *ciclo virtuoso* de confiança recíproca. Referenciados por suas experiências passadas, os agentes de interação tendem a adotar como hábito a lógica de confiar *a priori*.

No entanto, esse hábito formado por expectativas positivas pode ser afetado pela informação que os indivíduos podem obter sobre a reputação de parceiros de interação no presente, e com isso poderão reavaliar o risco de investir confiança numa determinada situação.

Esta relação central entre *confiança, reputação* e *reciprocidade* é reforçada por outras três variáveis estruturais. O esquema da figura 4 ilustra as diversas relações entre *variáveis físicas, culturais* e *institucionais* que fornecem informações adicionais aos parceiros de interação e implicam na criação e manutenção de relacionamentos baseados em confiança. A distância física entre parceiros de interação, as informações contidas na cultura local em questão e o nível de estabilidade dessas relações influenciaram fortemente as relações de confiança, promovendo um contexto propício para o seu surgimento. A confiança é gerada pelas normas de uma determinada cultura, que torna-se uma eficiente fonte de informações para resolver o problema do *Dilema dos prisioneiros*.

Assim, para que a cooperação possa emergir a longo prazo, são necessárias estratégias de reciprocidade de um lado, e a reputação do outro, como informação adquirida de consecutivos encontros do passado. Se o nível de cooperação inicial for alto, tanto mais as pessoas terão incentivos para confiar umas nas outras. Se mais indivíduos usaram de normas de reciprocidade, ganhando certa reputação por serem confiáveis, melhores são os ganhos líquidos. Desta forma, há uma relação sinérgica, de reforço mútuo, entre confiança, reputação e adoção de estratégias de reciprocidade. A existência de confiança entre as pessoas influencia positivamente os níveis de cooperação, que por sua vez contribuem para o aumento de benefícios líquidos individuais e em grupo.

No entanto, a perspectiva racionalista não explica com precisão como a confiança contribui para a promoção da cooperação. Isso porque a presença de confiança não é exclusivamente uma precondição para a existência de cooperação. A cooperação em sistemas econômicos pode ser alcançada sem estar necessariamente relacionada a questões de consenso. Prova disso é a aplicação de formas de produção bem-sucedidas baseadas em coerção, como no modelo taylorista, e os sistemas autoritários e escravagistas do passado.

A coerção tem sido, ao longo da história da civilização, amplamente aplicada como um meio para garantir formas cooperativas entre os indivíduos. No entanto, ela não é necessariamente uma substituta para as relações com base na confiança. Enquanto a aplicação dos meios coercitivos dispensa uma maior preocupação com a promoção da cooperação espontânea, o uso de tais meios possivelmente promoverá situações de maior insatisfação e percepções de injustiça, aumentando a probabilidade de comportamentos oportunistas. A exploração do interesse alheio raramente funciona como um substituto adequado para os relacionamentos com base na confiança. Por outro lado, se existe confiança em relações de cooperação, haverá também alguma coerção, ou pelo menos sua iminente ameaça.[9] Em face das relações fundamentadas na confiança, menos coerção se faz necessária. Vejamos então com mais detalhes quais as implicações da confiança como um recurso para as transações econômicas.

3 | A EFICIÊNCIA DAS TRANSAÇÕES COM BASE NA CONFIANÇA

O risco é inerente à ideia de confiança, uma vez que confiar em alguém significa colocar-se vulnerável ao outro. As assimetrias de tempo presentes na entrega de qualquer bem, entre um investimento de recurso e o retorno sobre este investimento, introduz a ideia de risco.[10] Portanto, as relações de confiança são caracterizadas quando o risco que um agente assume depende do desempenho de outro agente. Podemos considerar que as relações de confiança funcionam como um mecanismo social para a redução do risco comportamental.

Muitas vezes os riscos podem ser reduzidos pelo uso de contratos formais entre as partes. No entanto, por várias razões, contratos formais não podem ser sempre usados com este propósito. Em uma série de transações entre agentes, especialmente quando o valor da transação não pode ser precisamente calculado, os contratos formais podem ser ineficientes porque não são capazes de prever todas as contingências futuras de uma transação, como é o caso dos contratos de trabalho.

Porque existem benefícios mútuos em cooperar, situações envolvendo investimentos de confiança ocorrem cotidianamente.

Por diversas razões, as pessoas usam relacionamentos de confiança como uma estratégia pessoal. Seja no âmbito dos relacionamentos familiares, em redes de amizades, ou nas empresas, as relações de confiança criam uma "zona de conforto" para que os indivíduos possam interagir na sociedade, buscando atender suas necessidades sociopsicológicas e seus objetivos pessoais.

Muitas ações de cooperação tornam-se um hábito, ou um padrão de comportamento relacionado às diversas situações diárias, e passam quase despercebidas. Podemos citar alguns exemplos: os pais que confiam seus filhos a uma babá enquanto vão ao cinema, o marido que confia seus bens à esposa ou ao irmão, um subordinado que confia ao chefe a promoção de sua carreira profissional, colegas de trabalho que confiam um ao outro as suas ideias e sentimentos pessoais, ou ainda quando se confia um segredo a alguém. O fato é que quando confiamos em alguém, seja uma única vez, ou por várias vezes, seja por qualquer motivo ou razão, nos colocamos voluntariamente em uma situação de risco. Isso porque a pessoa a quem decidimos confiar algo poderá agir de forma oportunista e nos causar um dano qualquer.

Agora vamos imaginar uma empresa como uma sociedade de pequena escala. Se as pessoas sentem-se confortáveis em confiar umas nas outras significa que elas se sentem confortáveis em se colocar em situações arriscadas. Mesmo que o risco seja relativamente pequeno ou que o hábito de colocar-se vulnerável faça parte do seu cotidiano, as pessoas confiam que os outros com quem interagem não farão uso indevido da confiança investida. Com o tempo, cria-se uma atmosfera de confiança com base na reputação individual de cada um dos integrantes desse sistema. Uma vez que as pessoas passam a interagir por um longo período no mesmo ambiente, elas começam a aprender a confiar umas nas outras quase que automaticamente, sem mesmo notarem que essa prática cotidiana da coletividade lhes assegura um conforto, ou a satisfação de poderem contribuir abertamente nas diversas tarefas de trabalho sem receio de perda ou prejuízo. Esta "zona de conforto" criada por uma atmosfera de confiança facilita a socialização do grupo e pode se tornar um *ativo intangível organizacional*, na forma de coordenação espontânea. É espontânea na medida em que as pessoas cooperam informalmente e dispensam instrumentos formais de segurança, controle e monitoração, tais como o uso excessivo do sistema de autoridade, burocracias, tecnologias de segurança e monitoração. Mesmo que seja possível obter a cooperação para a realização das tarefas de trabalho por meio da simples coerção, as formas de cooperação espontânea apresentam uma grande vantagem sobre as mais coercitivas: uma redução considerável dos custos de transação.[11]

Numa perspectiva econômica, a redução de riscos de interação significa a redução de seus custos associados. A *teoria dos custos de transação* nos ajuda a compreender melhor essa lógica. Os custos de transação representam os custos de um sistema econômico. Uma vez que as trocas econômicas têm custos, a análise fundamental da economia organizacional é uma transação.[12] A confiança pode reduzir os custos de transação de inúmeras formas. Vejamos a figura 5 que ilustra esta dinâmica.

Figura 5 – Confiança e custos de transação

Transação com a presença de terceiros

```
           Terceiros
       ↙⤢          ⤡↘
Vendedor  ←――――――――→  Comprador
```

Transação com base em confiança

As transações que ocorrem de forma espontânea a partir de relações de confiança dispensam a presença de terceiros de forma a assegurar que as partes vão receber aquilo que foi negociado. Sob condições de confiança, os custos de identificação, monitoração e manutenção dos parceiros de transação diminuem. Se em sociedades de menor escala, como as empresas, as pessoas podem fazer acordos a um menor custo aumentando assim a eficiência de suas operações, o mesmo pode ocorrer em sociedades de larga escala. A cultura de confiança reduz igualmente a necessidade da aplicação de mecanismos de segurança, controle e monitoração contra ações oportunistas, e assim tais sociedades tornam-se mais eficientes operando a custos mais baixos.

Em sociedades de larga escala, podemos considerar que algumas instituições devem existir de forma a garantir que transações possam ocorrer, tais como bancos e empresas de informação ao crédito (que agem como agentes intermediários para os acordos comerciais), o sistema legal (que inibe a possibilidade de práticas oportunistas ilegais), ou a existência do policiamento nas ruas (que deve assegurar o direito das pessoas de transitarem livremente de acordo com as regras estabelecidas). Todos esses exemplos se referem a instituições tradicionais de nossa sociedade, que representam custos para assegurar que os indivíduos possam interagir e negociar. Em sociedades de alta confiança, o custo relativo de manutenção dessas instituições pode ser menor e, portanto, as economias tornam-se mais eficientes.[13] Em sociedades de baixa confiança, pelo contrário, o preço dessas instituições torna-se maior. A excessiva elaboração e aplicação de leis, normas e formas de controle social pelas burocracias estabelecidas são necessárias para assegurar que as transações ocorram dentro das sociedades. A aplicação excessiva desses mecanismos pode representar um alto custo para a sociedade. A necessidade da sua aplicação está relacionada ao aumento do oportunismo, por exemplo, ante a atuação de organizações criminosas. Estas surgem quando identificam um ambiente institucional de baixa confiança. Este fato é bem-ilustrado por Diego Gambetta (1993) que estuda o surgimento da Máfia Siciliana. Gambetta mostra que a Máfia é uma organização que desponta originalmente para vender proteção às transações em uma sociedade de baixa confiança.

No caso de transações em sociedades de menor escala, como as organizações, ou ainda, entre organizações (parcerias, *joint ventures*, redes etc.), elas ocorrem entre departamentos, unidades e pessoas, e representam custos. A monitoração e o controle formal geram custos que oneram as transações entre agentes, porém garantem que estes irão desempenhar seu papel conforme combinado. Nestes casos, o sistema de monitoração formal é exercido pelas hierarquias (sistema de autoridades), pela monitoração horizontal entre os pares hierarquicamente iguais, ou pela aplicação de mecanismos de governança, como, por exemplo, as tecnologias de segurança e controle no ambiente em que estas transações ocorrem. O exercício da autoridade burocrática é representado pelos agentes ou ainda na forma de procedimentos, regras e normas.

Os ganhos de uma sociedade de alta confiança são notáveis. Com menos necessidade de monitoramento, os agentes empregam menos tempo para identificar seus parceiros de cooperação nos negócios. Como consequência, os parceiros de interação não precisam planejar todas as contingências futuras em suas relações porque confiam que estas serão razoavelmente solucionadas de maneira justa. Desta forma, parceiros confiam que os ajustes necessários serão realizados à medida que as contingências futuras se apresentarem. É neste sentido que a confiança existente promove maior eficiência nas negociações, permitindo aos parceiros de interação maior flexibilidade e adaptação às mudanças de ambiente. As pessoas terão maior predisposição para oferecer concessões e resolver problemas, na expectativa de que seus parceiros façam o mesmo.

Esta análise reduz consideravelmente os investimentos em garantias contratuais formais e o emprego de agentes e de instrumentos burocráticos (terceiros), para garantir as transações. Além disso, os agentes passam a ter maior confiança nas informações fornecidas por seus parceiros, ou seja, na qualidade do próprio objeto da negociação, o que reduz igualmente os custos.

Nas organizações que apresentam um ambiente de alta confiança em complementaridade às suas hierarquias, o que pode ocorrer é a dispensa, ainda que parcial, dos custos de burocracia. As relações de confiança prescindem do uso de mecanismos burocráticos que podem prejudicar consideravelmente a eficiência das interações dentro das organizações. Uma vez que a monitoração e o controle formal consomem tempo, parece lógico que os relacionamentos de alta confiança requerem menos monitoramento, tempo e energia. Neste caso, os gerentes podem se dedicar mais aos processos de decisão e implementação e menos ao gerenciamento de relações de baixa confiança.

Esta lógica se aplica à gestão dos contratos de trabalho. Apesar de serem formalizados por um documento escrito e exigências legais, com o tempo estes se tornam um contrato relacional entre as pessoas dentro das hierarquias. A existência de confiança neste caso reduz o risco de interação com os parceiros, assegurando, por exemplo, que as informações possam ser compartilhadas com mais facilidade. Desta forma, mesmo que não estejam especificadas no contrato de trabalho, as relações de confiança promovem formas de cooperação espontânea, o que se traduz em maior eficiência.

A confiança que pode ser gerada torna-se um ativo intangível, na forma de *capital social* dentro de uma organização. As relações de confiança emergem pelas regras formais e informais existentes na cultura organizacional, promovendo padrões de comportamento para as relações sociais. Num ambiente de trabalho com uma atmosfera de alta confiança, o que observamos é a formação de práticas com base na reciprocidade, na forma de investimentos consecutivos de confiança. Desses ambientes as pessoas acabam por adquirir certa reputação a partir do histórico de trocas com as outras pessoas.

Uma atmosfera de confiança faz com que a satisfação e a motivação aumentem, pois as pessoas sentem que podem contribuir e partilhar seus problemas e ideias livremente, sem receios de comportamentos oportunistas por parte dos colegas de trabalho ou de seus superiores. Em um ambiente de alta confiança, a cooperação espontânea surge como um elemento facilitador das diversas tarefas organizacionais. As relações de confiança geram maior consenso com base em estratégias de reciprocidade e reforçam as relações entre as pessoas, promovendo maior eficiência na realização das tarefas. Neste sentido, as relações de confiança funcionam como um elo invisível que facilita inúmeras tarefas organizacionais, como por exemplo a delegação e aceitação da autoridade formal, a solução de conflitos, o compartilhamento de informações e a transferência de conhecimento. Há, portanto, uma clara relação bem-comprovada na literatura acadêmica especializada, entre confiança e diversas tarefas organizacionais relacionadas ao desempenho, tais como o exercício da liderança para a cooperação espontânea, a melhor gestão do conhecimento, a melhoria do clima e o comprometimento organizacional.

Ao contrário, uma atmosfera de baixa confiança apresenta ineficiências diversas. A quebra da confiança pode "contaminar" uma equipe de trabalho, principalmente se esta prática é fomentada pelos superiores hierárquicos. A quebra de um investimento de confiança adquire uma reputação ruim. Num ambiente de baixa confiança, a percepção é que o que se diz ou se faz poderá ser usado com mais facilidade contra o indivíduo (então é melhor compartilhar menos e ter mais cautela com o que se diz e com quem interage). Esses ambientes causam uma considerável perda da motivação e satisfação entre os parceiros de interação. No lugar das relações de confiança que possibilitam formas de coordenação espontânea, será necessária maior monitoração, mais regras e normas para realizar a função da coordenação organizacional. Por esta razão, há uma tendência a aplicar regras e normas formais como instrumentos de controle que deverão assegurar os limites de como devem ou não ser realizadas as tarefas. Ou seja, buscam certificar-se de que as pessoas possam interagir sem necessariamente depositar demasiada confiança umas nas outras.

Instrumentos burocráticos de controle, como autoridade e monitoração, são formas de checar se os agentes e seus parceiros de interação desempenham seu papel adequadamente. No entanto, como muitas das interações que contribuem para conferir maior eficiência organizacional residem na motivação que os indivíduos possuem em cooperar espontaneamente – por exemplo, para suportar processos de criação e inovação em que o compartilhamento de informação sensível é fundamental –, um sistema de baixa confiança com forte monitoração vertical e grande quantidade de regras e normas pode inibir consideravelmente a cooperação espontânea. Como contratos formais não são capazes de prever todas as contingências futuras nas relações de trabalho, a presença de monitoração pode causar uma considerável perda da flexibilidade e eficiência organizacional.

Nos diversos ambientes de trabalho é possível observar a relação entre confiança e a aplicação de controles formais. Se a confiança representa uma solução para gerar maior eficiência e flexibilidade organizacional, a criação e manutenção do contexto organizacional que favoreça seu surgimento apresenta necessariamente custos associados referentes aos elementos que asseguram uma atmosfera organizacional baseada em confiança.

É importante considerar a existência dos custos associados pela escolha de mecanismos tradicionais de controle ou pela criação de um ambiente de trabalho com base na confiança. Mecanismos formais de controle e monitoração de natureza mais coercitiva possivelmente aumentarão as chances de comportamentos oportunistas. Estas situações envolvem não somente o investimento em instrumentos de monitoração e controle, mas provavelmente uma considerável perda da motivação dos indivíduos em se comprometer voluntariamente com as tarefas organizacionais. Isso leva a crer que os melhores esforços para a eficiência nunca poderão ser alcançados. Por outro lado, os mecanismos informais respaldados em relações consensuais e de confiança vão exigir investimentos contínuos para a construção de um contexto que capacite sua manutenção. Empiricamente haverá sempre a coexistência de diferentes níveis destes distintos mecanismos, operando em diferentes ambientes organizacionais de forma complementar (ver figura 6).

O modelo da figura 6 sugere que, quanto maior o controle formal, menor a confiança e vice-versa. Na busca pela eficiência organizacional é importante observar que esta relação entre mecanismos informais e formais não significa que estes sejam substitutos perfeitos. Mesmo em ambientes de alta confiança um mínimo de controle formal é necessário, e em ambientes de alto controle e monitoração, um mínimo de confiança sempre existirá. Como observamos, os laços de confiança existentes em um determinado sistema podem ser severamente prejudicados pela ênfase na aplicação de instrumentos de controle e monitoração, tornando bastante crítica a intenção de sua reconstrução. Em outras palavras, a reconstrução de um sistema fundamentado em confiança poderá exigir ainda mais tempo e investimentos de longo prazo.

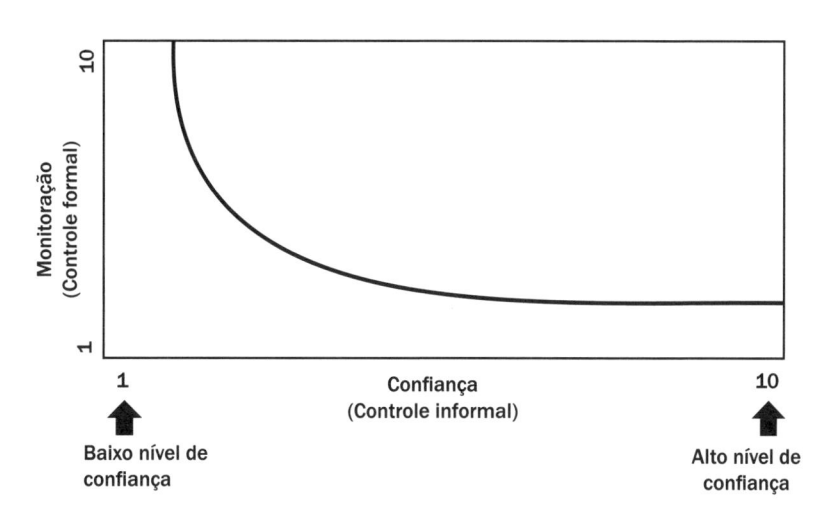

Figura 6 – Relação complementar entre mecanismos de
controle formal e informal

[Gráfico: eixo vertical "Monitoração (Controle formal)" de 1 a 10; eixo horizontal "Confiança (Controle informal)" de 1 a 10. Curva decrescente hiperbólica. Seta em 1: "Baixo nível de confiança". Seta em 10: "Alto nível de confiança".]

Mecanismos sociais de controle não possuem substitutos eficientes. Em geral, se existem custos de coordenação relacionados à promoção de um ambiente propício para o surgimento e a manutenção da confiança, tais custos tornam-se muito maiores em sua ausência. A eficiência da confiança para a coordenação das organizações está relacionada diretamente à incapacidade de monitorar as ações de outros agentes. A confiança é investida antes de se conhecer o comportamento do outro em quem se investe.[14] Isso presume a superioridade da sua eficiência sobre os mecanismos formais de controle, principalmente envolvendo processos que demandam a aplicação do conhecimento e processos criativos com base em habilidades e competências pessoais como estímulo à inovação.

Um fator relevante para a avaliação dos custos de transação é a frequência com que estas ocorrem. Quando transações ocorrem uma única vez, ou poucas vezes, e sabe-se de antemão que elas logo chegarão ao fim, os agentes de interação não encontrarão motivações suficientes para cooperar e desenvolver relações de confiança uns com os outros. No caso das interações únicas apresentarem riscos, estes geralmente poderão ser assegurados por terceiros (autoridade formal, sistema legal, bancos, seguradoras etc.). No entanto, quando as interações entre agentes passam a ser constantes, sem um fim definido ou previsível, os agentes de interação passam a ser incentivados a investir confiança uns nos outros. Neste sentido, a confiança passa a funcionar como um mecanismo social para a redução de risco comportamental. Além das informações sobre a confiabilidade percebida entre os agentes de interação, a criação e o desenvolvimento das relações de confiança estão basicamente relacionados à permanência e à probabilidade de continuidade das interações. Também, observamos que, uma vez que os agentes passam a interagir ao longo do tempo, eles desenvolvem uma reputação pessoal. Assim, a confiança pode emergir quando os agentes passam a interagir intensamente com a presença de um terceiro ator e buscam preservar sua reputação como um capital pessoal.[15]

Confiança e coordenação informal

Ao citar sistemas econômicos, o economista Kenneth J. Arrow afirma que confiança é um notável e eficiente "lubrificante" para as trocas econômicas, e o mais efetivo mecanismo para o governo das transações econômicas.[16] Arrow afirma que a confiança gerada entre os indivíduos assume a forma de um contrato informal, ou uma *commodity* que não pode ser facilmente adquirida ou comprada. Dentro das hierarquias, a confiança é considerada um mecanismo informal de coordenação e controle, resultado de relações interpessoais orientadas por normas sociais, formais e informais, que contribuem para a formação da cooperação espontânea.

Além das tradicionais formas de coordenação das transações econômicas – mercados e hierarquias, controlados respectivamente por preço e autoridade –, um grupo de pesquisadores tem proposto o estudo das redes de relacionamentos como uma forma complementar de organização das transações econômicas.[17] Em contraste com as tradicionais formas de coordenação, as redes de relacionamentos estruturam transações econômicas por meios menos formais, mais igualitários e cooperativos. Longe de serem perfeitas substitutas, essas redes funcionam como uma forma de coordenação complementar para mercados e hierarquias tendo como principal mecanismo de controle a confiança estabelecida entre os agentes interativos. Assim, mercados, hierarquias e redes são três mecanismos distintos que podem coexistir empiricamente em diferentes níveis, em qualquer organização. As redes funcionam por meio de relações interpessoais baseadas em reputações pessoais, estratégias de reciprocidade, crenças e valores comuns que podem coexistirem com a autoridade formal legitimada.

Quando incerteza e risco estão associados às transações econômicas e sociais, redes de confiança frequentemente surgem para facilitar vários tipos de cooperação informal. Sob condições de incerteza, as redes baseadas em confiança mútua são criadas e fornecem um ambiente de transações mais seguro, especialmente quando não existem contratos legais confiáveis ou mecanismos que possam garantir de maneira eficaz as transações, ou, ainda, quando determinadas questões não podem ser eficientemente garantidas por contratos formais. As incertezas surgem a partir de um grande número de razões e fomentam o aparecimento de diferentes tipos de redes como solução. Sob alta incerteza e risco, as transações possuem maior probabilidade de ocorrer entre associações ou grupos de agentes mais próximos, por exemplo, famílias ou associações informais, cujos limites destes grupos estão claramente definidos e facilmente determinados. Ou seja, quando é possível identificar quem está dentro e quem está fora do grupo, reduzindo as chances de oportunismo e incertezas. Os diferentes tipos de mecanismos de controle e coordenação das atividades econômicas estão apresentados na tabela 1.

Tabela 1 – Diferenças entre mecanismos de coordenação e controle

Critério de diferenciação	Formas de coordenação		
	Mercado	Hierarquias	Redes
Controle pelo comando do comportamento	Preço	Autoridade	Confiança (normas e valores)
Controle pela monitoração do comportamento	Controle por *output*	Controle comportamental	Autocontrole

Fonte: Zanini (2005).

A *Teoria das redes de relacionamentos* encontra bons argumentos na abordagem econômica através dos estudos de Friedrich Hayek sobre a coexistência das formas de governança espontânea e intencional.[18] O autor afirma que essas diferentes formas de governo não podem ser claramente separadas. No que se refere à forma espontânea, Hayek argumenta que esta não pode ser apenas adquirida através do comando, como no caso do governo intencional, mas por meio da melhoria das regras de interação e comportamento que favorecem a sua formação. À medida que as regras formais e informais de interação passam a promover relações de reciprocidade dentro de um sistema, a probabilidade de ocorrerem em investimentos de confiança torna-se maior. De certa forma, a visão de Hayek é confirmada pelos estudos de Axelrod (1984) sobre a formação da cooperação espontânea. Ou seja, a cooperação pode existir como fruto de regras de reciprocidade, não necessariamente com a presença de uma autoridade central.

Em certa medida, as empresas também podem ser compreendidas como redes de contratos relacionais entre seus membros corporativos, coexistindo a autoridade formal e as formas mais espontâneas de cooperação.[19] Empresas são constituições sociais que envolvem, além de suas regras e normas, investimentos no cultivo de relacionamentos entre os indivíduos. Uma cultura organizacional que fortaleça os laços de confiança mútua significa um importante ativo intangível. Assim, os níveis de confiança dentro de uma empresa representam indicadores da eficiência da gestão de uma rede de contratos relacionais, refletindo sua capacidade de gerar e gerir a coordenação informal.

Uma das principais funções dessas redes de contratos com base na confiança mútua é vencer as dificuldades impostas pelas incertezas futuras do mercado. Redes de contratos relacionais podem ser usadas para solucionar os problemas impostos pela ausência ou limitações de futuras demandas. Neste sentido, as redes facilitam a adaptação a eventos imprevisíveis em um mundo guiado por incertezas e necessidades de mudanças, como as que surgem com novos produtos, mercados, tecnologias de produção e novas formas de organização, bem como os resultados de eventos políticos e naturais. Assim, as redes contribuem para a formação de expectativas racionais e ajudam os tomadores de decisão a superar os problemas que surgem relacionados à assimetria de informações. Quando a informação é necessária, os indivíduos podem recorrer às redes de relacionamentos para a redução da incerteza.

As redes de relacionamento geradas na confiança podem assumir diversas formas nos mais variados níveis, envolvendo indivíduos e grupos, dentro e fora das empresas. Empiricamente diversos estudos têm constatado a existência de formas de coordenação em redes formadas por grupos de empresas ou grupos sociais informais, que vão além dos limites tradicionais da empresa (redes interorganizacionais), ou grupos sociais informais na mesma organização (redes intraorganizacionais).[20]

O CASO DO ARMADOR NORUEGUÊS

Era uma sexta-feira à tarde no centro financeiro de Londres. A cena se passa no escritório do gerente do departamento norueguês do Banco Mercantil Hambros. De repente, o telefone toca. O telefonista avisa que é uma chamada urgente. Uma ligação pessoal vinda de uma cidade da Noruega. Um proeminente armador norueguês, dono de uma frota de navios, estava na linha, pedindo socorro pela primeira vez. Para ser mais preciso, ele pedia 200 mil libras, dentro de meia hora.

O armador disse ao gerente que um de seus navios fora levado para reparos a um grande estaleiro em Amsterdã. Minutos antes, o armador havia conversado com o capitão, que informara: o estaleiro só liberaria o navio depois de receber, em dinheiro, 200 mil libras. Do contrário, ele ficaria retido durante o fim de semana e o armador perderia no mínimo 20 mil libras, referentes aos custos de dois dias de estadia no estaleiro e aos gastos com a tripulação, de 21 homens. Sem mencionar as perdas com lucro cessante, se o navio não voltasse logo a navegar.

O gerente do Hambros olhou para o relógio e disse: "Está tarde, mas vou ver se consigo encontrar alguém em um de nossos bancos parceiros em Amsterdã. Fique na linha." Pegando um segundo telefone ele ditou para sua secretária uma mensagem que deveria ser enviada com urgência a um dos bancos parceiros do Hambros em Amsterdã: "Favor pagar 200 mil libras ao estaleiro (nome) para a liberação imediata do navio (nome)." Feito isso, ele desligou e pediu ao armador norueguês, no outro telefone, que tivesse um pouco de paciência e aguardasse na linha.

Três minutos depois, o segundo telefone tocou. Alguém do banco parceiro em Amsterdã confirmou que tinham conseguido contatar o estaleiro e que as 200 mil libras estavam à disposição dele. O gerente em Londres agradeceu, desligou e, no outro telefone, disse ao armador norueguês que o pagamento fora arranjado e que o navio seria liberado a qualquer momento. "Telefone para seu capitão e passe a ele suas ordens de navegação!" O armador ouviu a mensagem com um sorriso.

(Apresentado originalmente por James Coleman no livro *Foundations of Social Theory* [1990], p. 92-93.)

Análise

O caso contém várias relações de confiança entre agentes de negócios. O gerente do banco, em Londres, depositou sua confiança no armador norueguês. Não havia um contrato assinado, nenhum papel relacionado com a transação, nada mais substancial do que apenas a confiança na intenção do armador de pagar sua dívida ao banco Hambros. O gerente confiou tanto na honestidade do armador quanto na sua capacidade de honrar a dívida com o banco. Também o banco parceiro, em Amsterdã, confiou no Hambros, tendo igualmente como garantia uma simples solicitação verbal. Eles confiaram 200 mil libras ao outro banco, apostando que segunda-feira pela manhã receberiam de volta igual quantia.

Vale observar que, neste caso, existem transações feitas por três agentes. O gerente do Hambros confia no armador e, ao mesmo tempo, recebe confiança, na forma de autonomia, da direção do seu banco para assumir tal risco. Os diretores do Hambros confiam em seu gerente. O banco em Amsterdã confia no agente do Hambros, ao telefone, para realizar o pagamento ao estaleiro. Tal dinâmica abrangendo múltiplas relações de confiança pode ser observada em sistemas políticos, sociais e econômicos. Envolve ainda dimensões de confiança pessoal, organizacional e institucional.

4 | Elementos das relações de confiança

Para definirmos e caracterizarmos uma relação de confiança alguns elementos devem estar presentes entre os agentes de interação. Os relacionamentos de confiança são constituídos fundamentalmente por três partes:[21]

1) as características da pessoa que realiza um investimento de confiança – denominamos o indivíduo que confia de A;

2) as características da pessoa que recebe o investimento de confiança – denominamos o indivíduo que recebe o investimento de confiança de B;

3) o contexto transacional específico onde ocorre uma determinada relação de confiança – denominamos este contexto específico de X.

Esta definição originalmente apresentada por Russell Hardin (2002) entende que um ato de confiança consiste em um "interesse encapsulado", já que as expectativas do indivíduo que confia (A) estão pautadas na percepção que possui das motivações do indivíduo que recebe o investimento de confiança (B). Assim, mesmo que estes indivíduos possuam certa incongruência de incentivos ou divergências de interesses, a existência de algum ponto comum de interesse poderá estimular A a realizar um investimento de confiança em B. Dependendo das pessoas que interagem e do contexto específico X, uma relação de confiança pode se estabelecer de diferentes formas e em diversos níveis. Podemos confiar em uma pessoa de forma constante, para várias questões, ou podemos confiar em uma pessoa uma única vez, somente para alguma questão específica.

Devemos assumir duas condições que precisam ser satisfeitas para caracterizar ações cooperativas com base na confiança: a coexistência de uma *expectativa de confiança* e uma *ação baseada na confiança*.[22] Uma expectativa de confiança é definida como a expectativa de quem confia (A) em outra pessoa (B), acreditando que (B) estará motivada a honrar o investimento de confiança, não agindo de uma forma oportunista. Uma ação baseada em confiança é um investimento voluntário da pessoa que confia (A), na forma de uma ação concreta, colocando-se vulnerável sob situação de risco comportamental, sem recorrer a mecanismos formais de segurança ou controle.

De acordo com esta análise, a confiança pode ser entendida como uma predisposição ou expectativa que leve a uma ação envolvendo certo grau de risco comportamental. Tal expectativa se manifesta inicialmente de um modo subjetivo, ou por uma reação emocional, traduzida em uma condição cognitiva racional. Dessa forma, um indivíduo consegue avaliar e calcular sua predisposição a se engajar numa determinada situação que envolva o risco relativo ao comportamento de outro. Assim, podemos definir confiança como *uma aceitação antecipada e voluntária de um investimento de risco, abdicando de mecanismos de segurança e controle, na expectativa de que a outra parte não agirá de uma forma oportunista.*

A expectativa de confiança, pressuposto para uma ação concreta de confiança, baseia-se na percepção subjetiva do indivíduo que confia (A) sobre as motivações (interesses pessoais percebidos) do indivíduo que recebe o investimento de confiança (B) em corresponder ao seu investimento. O indivíduo que recebe o investimento de confiança (B) "encapsula" os interesses do indivíduo que confia (A), quando este honra o investimento confiado.

Uma expectativa de confiança, na forma de um estado psicológico, possui dois elementos de forma dualística: um aspecto emocional e um aspecto cognitivo. Estes componentes coexistem e prevalecem um sobre o outro, de acordo com as pessoas que interagem e com situações específicas. Por vezes, uma expectativa de confiança estará mais focada em aspectos emocionais, por outras, mais em aspectos cognitivos. Desta forma, agentes de interação poderão estar motivados de forma diferente, sobre bases mais emocionais ou mais cognitivas, de acordo com uma determinada pessoa ou grupo de pessoas, situações, contextos ou circunstâncias.[23]

A base cognitiva traz às expectativas do indivíduo que confia (A) a capacidade de calcular o risco relativo em uma determinada situação. Isso pode ser definido como *confiança cognitiva* ou *confiança calculada*.[24] Por outro lado, a base emocional traz aspectos afetivos às expectativas do indivíduo que confia (A) que levam em si um aspecto fundamental e inerente a uma relação de confiança: *uma crença* ou uma boa-fé. Esta crença é necessária para superar a informação cognitiva imperfeita causada pelas incertezas de uma intelectualidade limitada. No entanto, emoções são reações desenvolvidas sobre uma compreensão cognitiva. Sentimentos pessoais construídos sob reações emocionais são desenvolvidos sobre uma compreensão cognitiva relativa às situações específicas. Porque as emoções desenvolvem-se como reações sobre estruturas cognitivas em situações específicas, estas possuem para nós um caráter compreensivo. Embora cada expectativa de confiança traga em si aspectos cognitivos e emocionais, os aspectos cognitivos são preponderantes na análise das motivações e reações do indivíduo que recebe o investimento de confiança (B). Em consequência, uma vez que uma relação de confiança é atribuída basicamente às motivações de B (pela percepção subjetiva de A), cada evento de confiança deve primeira e primordialmente reconhecer os aspectos cognitivos das motivações de B, mesmo sob fortes circunstâncias emocionais.[25]

Figura 7 – Formação da expectativa de confiança como percepção subjetiva das motivações de quem faz um investimento de confiança

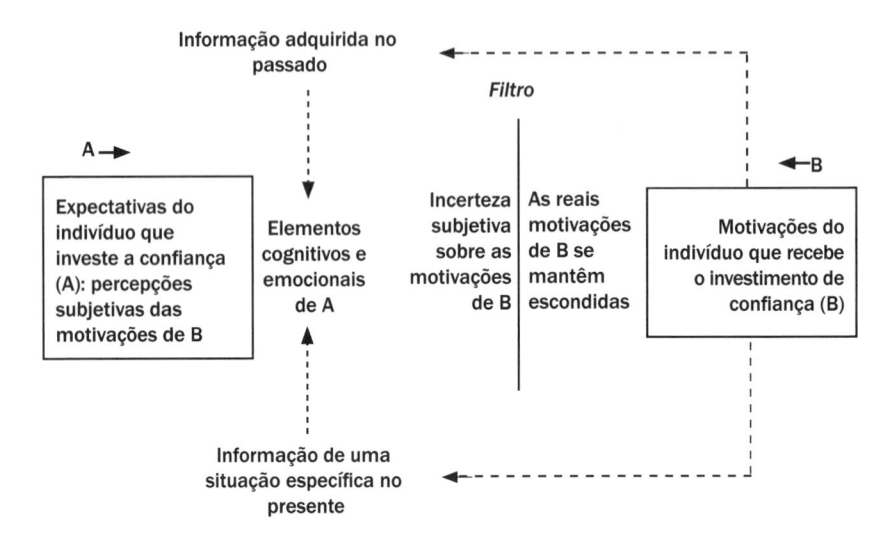

```
                    Informação adquirida no  ←---------------------┐
                         passado                                    |
                            |              Filtro                   |
                            |                                       |
    A →                     ▼                                      ← B
┌──────────────────┐  ┌──────────┐  Incerteza │ As reais  ┌──────────────────┐
│ Expectativas do  │  │          │  subjetiva │ motivações│ Motivações do    │
│ indivíduo que    │  │ Elementos│  sobre as  │ de B se   │ indivíduo que    │
│ investe a        │  │ cognitivos│ motivações│ mantêm    │ recebe o         │
│ confiança (A):   │  │ e        │  de B      │ escondidas│ investimento de  │
│ percepções       │  │ emocionais│           │           │ confiança (B)    │
│ subjetivas das   │  │ de A     │            │           │                  │
│ motivações de B  │  │          │            │           │                  │
└──────────────────┘  └──────────┘                        └──────────────────┘
                            ▲                                       |
                            |                                       |
                    Informação de uma  ←---------------------------┘
                    situação específica no
                         presente
```

Fonte: Ripperger (1998).

Na figura 7, a construção da expectativa de confiança tem por base a percepção subjetiva de A das motivações de B em honrar ou desonrar o seu investimento de confiança. As estruturas cognitivas e emocionais de A são influenciadas pelas formas de percepção e características objetivas de uma determinada situação, pela informação adquirida de interações com B no passado (em forma de reputação) e pelas informações sobre a específica situação no presente. Podemos observar um "filtro" que divide a percepção de A das motivações de B e de suas reais motivações. Com isso podemos reconhecer aqui o conceito de *informação assimétrica* nas relações de confiança. No entanto, o problema crucial nas relações de confiança não é a informação incompleta sobre a confiabilidade da outra pessoa, mas a nossa ignorância sobre os limites desta confiabilidade. Ou seja, a capacidade limitada de saber em quem confiar, o quanto confiar, relativamente a que questão ou situação específica. A pessoa que confia (A) realiza uma avaliação com base na informação limitada que possui sobre as motivações de B em honrar seu investimento de confiança.

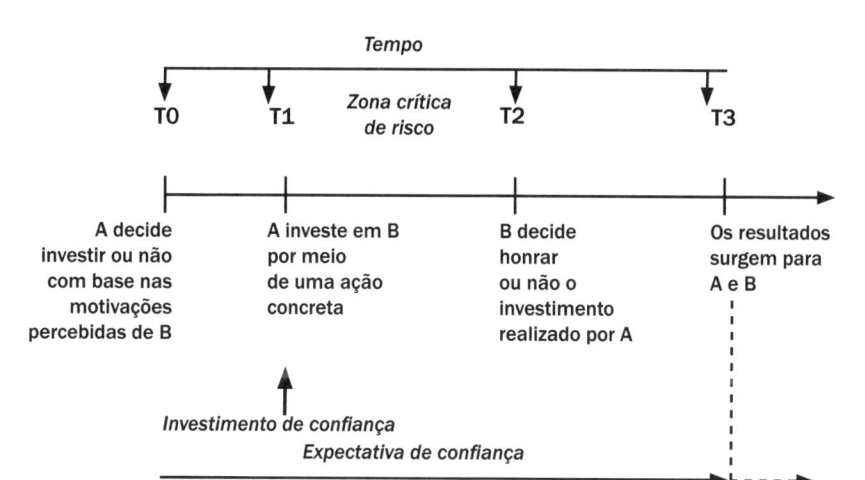

Figura 8 – Investimento de confiança e a presença de
risco comportamental

```
                            Tempo
         T0         T1    Zona crítica    T2              T3
                          de risco

         |          |                      |               |
      A decide   A investe em B       B decide          Os resultados
      investir ou não  por meio      honrar            surgem para
      com base nas  de uma ação      ou não o          A e B
      motivações   concreta          investimento
      percebidas de B                 realizado por A

                    ↑
          Investimento de confiança
          Expectativa de confiança
```

Como mostra a figura 8, a expectativa de confiança existe potencialmente mesmo antes de se realizar uma ação concreta com base na expectativa. Esta expectativa continua durante o curso de uma ação pautada na confiança, ao longo do surgimento dos resultados esperados e mesmo após a situação crítica de risco comportamental, inerente a uma relação de confiança (entre o investimento de A – T1 e a decisão de B – T2). Por isso podemos entender que A possui uma expectativa de confiança em B independentemente da realização de uma ação concreta com base nesta confiança. Assim, dizemos que A possui certa predisposição de se engajar voluntariamente em uma situação específica de risco com B, independente das chances de interação entre ambos. A situação de ausência de uma ação concreta através de um investimento de confiança caracteriza a *confiabilidade* que A percebe em B. No entanto, esse tipo de investimento só ocorrerá mediante uma ação concreta de confiança numa situação específica X. Dessa forma, uma expectativa de confiança pode ser entendida como um elemento de motivação para uma possível ação concreta de confiança. É necessário que exista algum incentivo para que A realize uma ação concreta de confiança em B.

Confiança como elemento central em contratos relacionais

Os níveis de confiança dentro de uma empresa são importantes indicadores do modelo de gestão dos contratos de trabalho. Nestes, estão subentendidos alguns elementos antecedentes para a existência de confiança, como a percepção comum de justiça, reciprocidade e perspectivas de vantagens e benefícios mútuos.

Contratos de trabalho são exemplos de contratos relacionais baseados em confiança interpessoal.[26] Mesmo que esses contratos necessitem ser firmados por meio de instrumentos formais, eles se tornam contratos relacionais entre os agentes que interagem ao longo do tempo. São alicerçados em relacionamentos específicos, que combinam as características formais de contratos legais e as características de contratos informais na forma de reputação construída dentro desses relacionamentos.

Exatamente pela dificuldade de monitoração e avaliação que apresentam os contratos relacionais, estes estão embasados em mecanismos que determinam seu cumprimento de forma a assegurar a eficiência dessas relações.[27] A confiança gerada nos relacionamentos interpessoais funciona como um mecanismo de controle presente em determinado grau nas relações de trabalho. A lógica reside no fato de que as partes concordam antecipadamente em cooperar porque ambas querem manter suas reputações para as futuras transações. Cada parte motivada a manter sua credibilidade agirá de forma cooperativa. A condição básica para que isso ocorra é a manutenção das expectativas de continuidade das relações de vantagem mútua no longo prazo. Portanto, a essência da abordagem da confiança em contratos relacionais está focada no entendimento de que cada parte deve se beneficiar com o relacionamento.

Os problemas contratuais que porventura possam surgir numa relação de trabalho podem ser reduzidos de forma significativa com a presença de confiança. A confiança que poderá ser construída como fruto da interação entre os agentes funciona como um mecanismo social de controle e coordenação. Para exemplificar, tomamos A e B como membros de uma empresa que interagem no cotidiano. Vamos assumir que A deverá realizar um investimento de confiança em B. Quando B aceita voluntariamente este investimento de confiança realizado por A,

B estabelece um contrato informal entre ambos de forma a atender as expectativas de A. O atendimento das expectativas de A, por parte de B, é objeto deste contrato informal. A realização desta transação pautada na cooperação voluntária entre os agentes cria uma relação de interdependência que por sua vez reduzirá o risco relativo para a concretização de uma determinada tarefa organizacional.

Na perspectiva econômica, contratos relacionais são contratos incompletos usados para explicar a cooperação num mundo de eventos futuros incertos. Por definição, referem-se a relações contratuais de longo prazo, de modo que qualquer nova informação que se faça disponível, exógena ou endogenamente ao sistema, pode gerar novas opções para os parceiros de interação. Talvez seja vantajoso para os parceiros de interação incorporarem esta nova informação dentro do relacionamento, buscando assim um equilíbrio sequencial no tempo.[28] Portanto, por definição, contratos relacionais não podem ser monitorados ou controlados por terceiros. Rearranjos contratuais são necessários ao longo do tempo de forma a assegurar um processo de cooperação contínuo entre parceiros de interação.

Em contextos específicos, especialmente em meios expostos a constantes mudanças, a confiança pode ser altamente desejável e eficiente para lidar com as incertezas comportamentais causadas pelo surgimento de nova informação nas relações entre parceiros de interação. Quanto maior a frequência de nova informação dentro do sistema, maiores serão as chances de incerteza comportamental, e mais necessário será o uso de contratos relacionais com base em confiança como forma de lidar com a incerteza. Portanto, a relevância e a eficiência da confiança como uma estrutura de coordenação informal está primariamente relacionada ao grau de incerteza endógena e exógena e na frequência da nova informação dentro do sistema.

A confiança pode ser vista como uma forma racional de cooperação sob risco comportamental relacionada a interações repetidas e investimentos irreversíveis. Se essas experiências suportarem a confiança investida, elas podem se tornar mecanismos que determinam o cumprimento do contrato atenuando as chances de oportunismo entre as partes. Assim, um sistema de reputações é construído sobre as relações de confiança ao longo do tempo, e ao mesmo tempo, num ciclo virtuoso, torna-se uma precondição para o desenvolvimento de padrões de comportamento estabelecidos em confiança. Por outro lado, a ausência de confiança nas relações de trabalho pode significar um ineficiente uso de recursos, ou a ausência de níveis ótimos de esforços para se alcançar formas de cooperação mais eficientes.

Além disso, mecanismos sociais como confiança são particularmente importantes quando o fim de uma relação de trabalho representa um custo muito alto, particularmente quando existe uma relação de investimentos específicos construídos ao longo do tempo. Nestes casos, atos de reciprocidade devem resguardar as relações bilaterais quando estes assumem a forma de investimentos específicos e irreversíveis. Por exemplo, muitos funcionários tornam-se especialistas em suas tarefas e acabam por se tornar altamente dependentes de uma relação de trabalho com uma empresa ou indústria específica. Um operador de alto forno, um especialista em determinada tecnologia ou um controlador de voos são exemplos de alta especialidade que podem representar grandes investimentos pessoais numa determinada profissão porque esses indivíduos provavelmente encontrarão grande dificuldade em aplicar seus conhecimentos em outras organizações. Portanto, além dos mecanismos contratuais de segurança e salvaguarda, é necessário que haja uma relação de confiança entre o empregado e sua empresa para que este continue a investir em sua especialidade por um longo tempo. Neste sentido, as relações de confiança mútua podem ser compreendidas como um dispositivo de segurança para se construir comprometimentos por meio de investimentos específicos ao longo do tempo, quando indivíduos começam a adotar estratégias de reciprocidade.

Condições para a continuidade das relações de confiança

Para que um ambiente de confiança se desenvolva, alguns elementos devem ser analisados. Primeiro, devemos observar que um investimento de confiança se realiza quando parceiros de interação possuem *interesses mútuos compatíveis*, ao menos em alguma questão. Isso significa dizer que tanto uma pessoa que realiza um investimento de confiança (A) como a pessoa em quem se confia (B) devem possuir pelo menos um interesse em comum relativo a uma determinada questão. Tal interesse pode estar relacionado a um ganho financeiro, ganho de reputação, ou simplesmente o interesse na manutenção do relacionamento. Podemos confiar em alguém porque o resultado desta relação irá nos proporcionar algum ganho financeiro, ou apenas para manter um laço de amizade. É possível confiar por um interesse imediato ou que nos proporcionará um benefício no longo prazo. Uma pessoa que ama poderá confiar em seu amado porque tem a intenção de manter-se junto dele por um longo tempo. Em todas as situações de confiança identificamos o interesse daquele que investe confiança em outra pessoa, ou grupo de pessoas, em uma determinada situação e contexto. Além disso, é importante observar que a pessoa que recebe um investimento de confiança (B) pode optar por honrar este investimento não necessariamente pelo mesmo motivo da pessoa que o realiza (A). Ou seja, indivíduos podem se engajar em uma relação de confiança não necessariamente pelos mesmos interesses, mas por interesses mútuos não semelhantes, porém compatíveis.

No entanto, devemos observar que a existência de interesses mútuos entre A e B não é suficiente para garantir que eles investimentos de confiança se repitam ao longo do tempo. Para que eles ocorram de forma contínua é necessário que existam *incentivos* que motivem estes parceiros de interação a continuar a realização de investimentos de confiança uns nos outros.[29] Segundo Hardin (2002), a melhor forma de estruturar incentivos entre os agentes é alcançar comprometimentos. O autor dá o exemplo da existência da compatibilidade de interesses entre dois motoristas numa rodovia. Ambos os motoristas possuem interesses compatíveis no que se refere a respeitar as regras de trânsito porque os dois possuem interesse em chegar a seus destinos sem sofrer acidentes. No entanto, um motorista pode não ter incentivos para dirigir em um determinado horário em uma certa rodovia. Ou seja, existem interesses em comum, mas tais interesses por si só não promovem uma ação concreta de interação. Para que uma ação concreta ocorra e se repita, ou um engajamento numa ação concreta de confiança, deve existir incentivos que gerem comprometimento entre os agentes. Assim, a coexistência destes dois elementos é fundamental para o desenvolvimento de uma relação de confiança: 1) *interesses mútuos compatíveis* entre os agentes de interação para se engajarem em uma situação de risco (mesmo que estes interesses não sejam exatamente os mesmos); e 2) *incentivos* para se alcançar os comprometimentos desejados de forma a promover ações concretas e a continuidade dos relacionamentos com base na confiança.

Como observamos, a confiança entre indivíduos pode ocorrer sem o intuito de uma recompensa imediata, mas com o objetivo de algum tipo de benefício ou vantagem futura, mesmo que seja somente o interesse de continuar um relacionamento porque percebem algum tipo de valor nessa interação. Relacionamentos de confiança só são mantidos quando as pessoas percebem alguma vantagem ou benefício em se engajarem continuamente uns com os outros, assumindo os riscos inerentes dessas relações.

Uma relação de trabalho entre empregador e empregado geralmente tem o seu início marcado pela assinatura de um contrato formal de trabalho. Este documento define as condições gerais de trabalho e os incentivos, entre os quais horas de trabalho, princípios gerais de comportamento, direitos e condições de recompensas, de forma a conquistar o comprometimento do empregado. No entanto, com o tempo, o documento se torna um contrato relacional entre parceiros de interação, na figura do empregado e de seu superior imediato. Assim, se as condições de diálogo entre as partes mudarem, e possivelmente o resultado desta relação se alterar, as condições de participação do empregado nessa relação de trabalho podem ser igualmente modificadas e os incentivos usados para que o empregado se engaje constantemente com os outros devem ser redefinidos sobre uma nova estrutura de incentivos. Neste sentido, a correta aplicação de incentivos fornece a base para encorajar e manter as relações de confiança. É importante observar que, para um contrato formal existir, um contrato relacional poderá se desenvolver. Em outras palavras, a confiança pode surgir inicialmente por algum acordo formal que contenha, pelo menos em parte, o risco de um investimento de confiança equivocado.

Podemos ainda levar em conta que as pessoas podem agir muitas vezes por boa-vontade ou autossacrifício. No entanto, essas ações não podem ser consideradas autossustentáveis ao longo do tempo se os envolvidos não percebem algum tipo de vantagem em agir de tal forma, mesmo que esta ação seja impulsionada por algum princípio moral altruísta. Uma estrutura eficiente de incentivos irá assegurar que as promessas realizadas serão cumpridas e que a cooperação contínua seja sustentada por investimentos de confiança. De outra forma, ações motivadas por altruísmo poderão dar lugar a frequentes deserções. Os incentivos de longo prazo deverão criar possibilidades de frequentes interações em relacionamentos de confiança, observando as possíveis mudanças nas condições de interação.

A promoção de interesses mútuos na direção de objetivos comuns é parte de uma estrutura eficiente de incentivos para se atingir os objetivos da organização. Empresas que possuem sistemas de produção com base em tarefas realizadas por equipes e que favorecem a busca por objetivos coletivos e perspectivas de empregabilidade de longo prazo apresentam melhores condições para promover o desenvolvimento da confiança entre seus empregados. Por outro lado, empresas que estimulam o desempenho individual por meio de alta competição interna e adotam altas metas de desempenho a curto prazo, embora possam apresentar uma boa performance organizacional, possuem menor probabilidade de promover a socialização dos empregados e consequentemente mostram menor possibilidade de desenvolver relacionamentos de confiança. Isso acontece porque essas estratégias diminuem as relações de interdependência entre os agentes de interação.

Características pessoais

Algumas características individuais podem influenciar consideravelmente o desenvolvimento das relações de confiança nas organizações. Empresas contratam com base em alguns critérios e os parâmetros de seleção podem influenciar o desenvolvimento de confiança. Por exemplo, Zucker (1986) observa que assim como gênero ou idade podem ser parâmetros para a contratação, tais critérios de seleção podem ser usados como índice de confiança em uma transação. É possível que eles funcionem como indicadores de filiação a um sistema cultural comum, ou de expectativas compartilhadas sobre a experiência dos indivíduos. De modo geral, quanto maior o número de similaridades (ou dissimilaridades), mais chances de parceiros de interação assumirem a existência (ou a inexistência) de experiências comuns que incentivam (ou inibem) investimentos de confiança.

Keefer e Knack (2005) comentam que existem algumas razões que explicam por que pessoas muito diferentes resistem a confiar umas nas outras. Esses autores comentam que, enquanto a vergonha pode representar um custo muito alto para pessoas que compartilham valores em comum, o senso de altruísmo e de justiça compartilhado favorece o surgimento de interações com base na confiança. Muito da conformidade com normas que prescrevem cooperação são motivadas por um senso comum de justiça, equidade e reciprocidade. Por esse raciocínio, nacionalidade e etnia podem influenciar de forma significativa o desenvolvimento das relações de confiança porque tais características já trazem alguma informação sobre os indivíduos e sugerem certa confiabilidade.

Alguns trabalhos empíricos têm revelado que a confiança possui uma relação com a faixa etária. Por exemplo, Sutter e Kocher (2003) desenvolveram um estudo que mostra uma tendência positiva, e quase linear, do aumento dos níveis de confiança em relação à idade dos indivíduos. O estudo mostra que altos níveis de confiança pautados na reciprocidade são encontrados com mais frequência entre adultos do que entre os jovens. Além disso, as transações econômicas tendem a ser mais eficientes.[30] Os autores comentam que, além da idade, fatores como gênero, educação, riqueza e etnia possuem certa relação com confiança.

Algumas características pessoais, tais como competência percebida, lealdade, justiça e discrição tendem a aumentar a percepção de confiabilidade das pessoas, e desta forma a predisposição de realizar investimentos de confiança.[31]

Para o processo de desenvolvimento das relações de confiança dentro das empresas, faz-se necessário que os indivíduos em posição de comando, os dirigentes, estejam comprometidos em praticar e fortalecer as normas e regras que promovem uma atmosfera de confiança. É necessário punir participantes desonestos de forma a garantir que as transações entre as pessoas confiáveis aconteçam com relativa baixa probabilidade de prejuízo individual. Neste sentido, igualmente normas e valores corporativos compartilhados devem assegurar um coerente plano de promoção, remuneração e recompensas relacionados a noção de mérito.

Além disso, a qualidade, a transparência e a clareza da informação que é enviada pelos altos gestores para os subordinados é relevante. As pessoas em geral são influenciadas por sua primeira experiência para planejar os próximos passos. Portanto, os altos gerentes são os principais agentes responsáveis por implementar uma cultura corporativa focada na confiança por meio do fomento às ações de confiança, criando uma "zona protegida" em que possam ocorrer tais investimentos entre agentes.

> Um exemplo é a empresa alemã de comunicação Schindler, Parent and Cia (SPC), que inclui entre seus principais clientes a gigante automotiva Daimler-Chrysler e a farmacêutica Roche. Fundada em 1979, a empresa adotou um modelo de gestão fundamentado em confiança. Os proprietários da empresa foram os principais responsáveis pela implementação de uma cultura desta natureza, tendo como objetivo estratégico o fomento à criatividade e às novas ideias, o marketing e o relacionamento. Essa cultura incentiva ações com base em confiança "de dentro para fora" da empresa. A lógica baseia-se no fato de que se o funcionário tem confiança na empresa então ela pode ser mais facilmente transferida para o relacionamento com o cliente. Entre os ganhos dessa estratégia, a SPC aponta a redução do monitoramento excessivo, a melhoria no relacionamento com seus clientes e o fomento a investimentos de risco que sustentam seu processo de inovação, revelados pelos prêmios de mercado que a empresa vem acumulando.

Muitos contratos informais entre gerentes e colaboradores são negociados todos os dias. Sinais de integridade, consistência e clareza na comunicação influenciam a construção de uma atmosfera de confiança por meio de reputações pessoais. Uma vez que a confiança é um elemento relacional, as características pessoais dos indivíduos no comando de uma organização interferem na percepção de confiabilidade dentro do sistema. Outras funções organizacionais geram igualmente informações relevantes na construção da confiança dentro da empresa. Por exemplo, Kreps (1990) observa a relevância da consistência e da simplicidade no processo de comunicação organizacional como uma virtude da cultura corporativa.[32]

Além disso, é importante observar a relação próxima entre competência percebida e confiança. A competência a quem se confia algo (B) fornece a base para a ação do agente que realiza o investimento de confiança (A). Por exemplo, geralmente somos mais resistentes a confiar em pessoas mais jovens e inexperientes para lidar com uma importante questão, do que em pessoas de mais idade e com mais experiência.

Whitener e outros (1998) apresentam um modelo de relacionamentos e trocas entre agentes que destaca fatores organizacionais, relacionais e individuais que podem encorajar ou inibir a percepção dos funcionários quanto à confiabilidade do comportamento da alta gerência. Os autores identificam cinco variáveis: consistência, integridade, compartilhamento e delegação de controle, comunicação e demonstração de preocupação com os colaboradores. Esses autores também consideram algumas outras variáveis que influenciam a percepção dos membros da equipe. São elas: competência percebida, similaridade do grupo, independência da tarefa e propensão a confiar.

A CONSTRUÇÃO DA CONFIANÇA ORGANIZACIONAL

As transações econômicas que ocorrem entre agentes em uma organização, na forma de interações entre as pessoas, podem ser mais ou menos onerosas de acordo com a atmosfera existente no ambiente de trabalho.[33] Isso significa que o ambiente é capaz de influenciar o comportamento das pessoas e suas motivações para a cooperação.

Confiança é relacional. É o produto de um processo evolucionário que demanda tempo para se desenvolver dentro dos sistemas sociais.

Isso requer o compartilhamento de valores e princípios de justiça entre os agentes corporativos que formam um consenso, ou pacto social, que revela a capacidade deste grupo de se adaptar a novos valores e condições de interação. O processo de desenvolvimento das relações de confiança não leva em consideração apenas a informação que é gerada entre dois ou mais agentes de interação, mas também a informação do sistema social em que esta transação acontece, considerando suas próprias normas e regras de comportamento. Portanto, rotinas, hábitos e crenças gerais presentes na sociedade são construídos sobre incentivos e restrições existentes e influenciam decisões e aptidões dentro de um sistema organizacional. Estes elementos informais agem de modo positivo ou negativo sobre a percepção geral das pessoas diante da confiabilidade das outras. Luhmann (1980) usou o termo "confiança sistêmica" para indicar um tipo de confiança em um nível mais abstrato relacionado ao sistema social que é independente do tipo de confiança gerado entre agentes de interação. A "confiança sistêmica" junto à confiança interpessoal são fundamentais para a identificação dos parceiros de interação.

A análise do processo de desenvolvimento das relações de confiança oferece uma grande variedade de níveis e dimensões para a criação e o desenvolvimento de confiança, de acordo com muitas variáveis. Portanto confiança não é uma coisa e não possui uma única fonte, mas uma variedade de formas e causas.[34]

Em um primeiro momento, as pessoas buscam reduzir a complexidade que existe num novo ambiente por meio da aquisição de informação por terceiros, ou pela inferência na relação com um agente. Para ilustrar, podemos usar o exemplo de um novo funcionário que é contratado por uma empresa. Ele é designado para uma função com determinadas tarefas a serem realizadas, o que demandará a cooperação de outros colegas para realizar o que é pedido. No entanto, falta-lhe informação prévia sobre seus novos colegas de trabalho. Ele terá que arriscar inicialmente para ganhar informações sobre a confiabilidade dos outros e descobrir com o tempo em quem poderá ou não confiar. Assim que a nova informação sobre seus parceiros de interação é adquirida, ele estará apto a interagir melhor em seu novo ambiente de trabalho. Passado esse tempo inicial de socialização na empresa, a complexidade é reduzida. Isso significa que, ao longo do tempo, as pessoas "leem" as normas sociais da organização de forma a se adaptarem a seus padrões de comportamento. A atitude do novo contratado será fortemente influenciada pelos padrões de reciprocidade e troca que são socialmente construídos dentro da empresa. Suas experiências iniciais com alguns colegas de trabalho vão ajudá-lo a compreender como se relacionar e o grau de confiança que poderá investir nas relações de trabalho.

Dentro das organizações, podemos dividir as fontes de informações necessárias para o desenvolvimento das relações de confiança em *informações específicas* e *informações gerais*. Apesar dessas categorias de informação não serem totalmente independentes e seus limites pouco definidos, elas nos possibilitam entender algumas dimensões importantes para o desenvolvimento das relações de confiança.

Observamos duas categorias de *informações específicas*: 1) informação específica da pessoa que confia (A) relacionada à pessoa em que se confia (B) e a uma determinada situação (X), chamada aqui de *confiança específica*; e 2) informação específica que um grupo de pessoas (A, A, A...) que investe confiança possui da *reputação pessoal* de uma pessoa a quem se confia (B). Esta categoria refere-se à informação pública sobre a confiabilidade de um ator B em particular. Apesar de não funcionar como um perfeito substituto das informações provenientes de interações reais entre dois agentes, a reputação pessoal funciona como uma importante fonte de informações para o(s) agente(s) que investe(m) confiança.

Observamos igualmente duas categorias de *informações gerais*, numa relação mais interdependente: 1) a informação geral do agente que confia (A) em um grupo de pessoas (B, B, B...), denominamos *confiança geral*. Essa categoria revela o nível de confiabilidade que um determinado indivíduo identifica em uma determinada sociedade. Refere-se, portanto, à percepção da confiabilidade diante das características dos indivíduos que compõem um determinado grupo de pessoas em particular; e 2) a *atmosfera de confiança* é uma categoria de informação geral relacionada ao nível de confiança experimentada pelos agentes de interação que investem confiança (A, A, A...) em sua relação com outros agentes que recebem um investimento de confiança (B, B, B...)

dentro de um sistema social. Neste caso, quanto mais pessoas experimentam interagir por meio de investimentos de confiança, maior será a qualidade da atmosfera de confiança. Esta dimensão está relacionada às normas, valores e sanções contidas na cultura corporativa. A figura 9 abaixo apresenta a relação dessas categorias para a formação da expectativa de confiança.

Figura 9 – Categorias de informação para a expectativa de confiança

Fontes de informação	Interações pessoais de quem investe confiança (A)	Confiança geral	Confiança específica
	Terceiros, como pessoas que investem confiança (A, A, A...)	Atmosfera de confiança	Reputação
		Com terceiros, como pessoas em quem se confia (B, B, B...)	Com a pessoa em quem se confia (B)
		Objeto da informação	

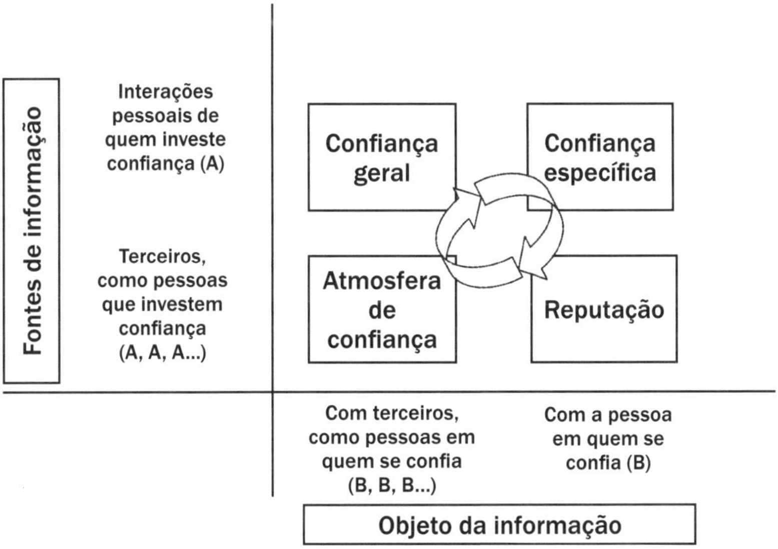

Fonte: Ripperger (1998).

A questão central para o desenvolvimento das relações de confiança em uma organização é perceber as condições que permitem criar o contexto necessário para o desenvolvimento de relações de confiança e de cooperação espontânea.

A manutenção de uma atmosfera de confiança é proporcional às condições institucionais e aos investimentos específicos realizados ao longo do tempo. O processo de construção de uma cultura organizacional com base na confiança pessoal tem o tempo como recurso fundamental para que sejam construídas e internalizadas as normas de interação. Neste sentido, padrões de comportamento são criados no tempo preservando a percepção de benefícios mútuos entre as pessoas e mantendo a noção de ganhos justos entre as partes.

A percepção de justiça e a punição ao oportunismo são fatores críticos para a construção da confiança organizacional. Uma vez que um número razoável de pessoas é tido como confiável dentro de um sistema social, produz-se uma cadeia de causa e efeito que fortalece e motiva continuamente os investimentos de confiança, num *ciclo virtuoso* de interações (figura 10). Pune-se os comportamentos oportunistas e incentiva-se as relações voluntárias de confiança uns nos outros. A atmosfera gerada a partir desse incentivo passa a promover a cooperação espontânea entre as partes. Ao final, esta lógica de ação vai promover um desempenho superior, ou um nível mais alto de aproveitamento dos recursos humanos. Pessoas tenderão a trabalhar em seu nível de competência máxima.

A lógica inversa pode ocorrer se indivíduos são percebidos como não confiáveis. Este é um processo em que se cria um *ciclo vicioso*. Percepções de falta de justiça nas relações geram desconfiança entre as partes e não há punição aos comportamentos oportunistas. Inibe-se o desenvolvimento das relações de confiança e incentiva-se comportamentos resguardados por controles formais e monitoramento das atividades. Estratégias defensivas são utilizadas para oferecer proteção ao oportunismo. Ao final, essa lógica de ação passa a apresentar um desempenho inferior, ou um nível mais baixo de aproveitamento dos recursos humanos. Pessoas tenderão a trabalhar em seu nível de competência mínima.

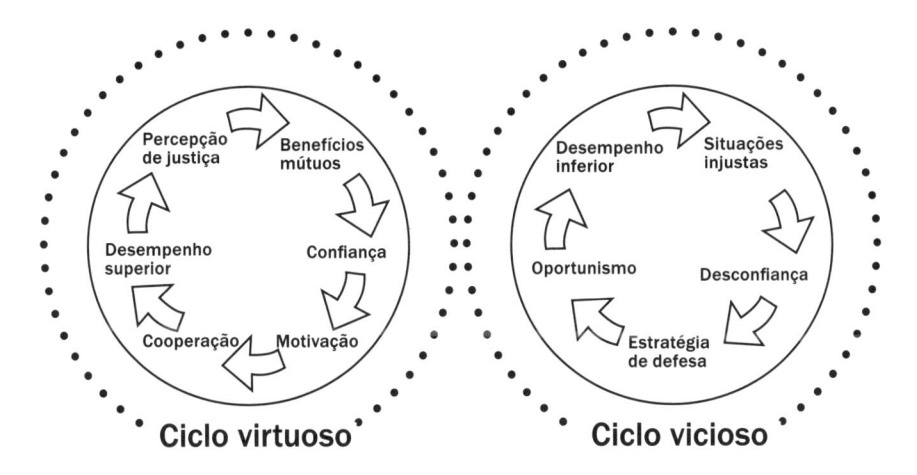

Figura 10 – Ciclo virtuoso e ciclo vicioso da confiança
organizacional

Ciclo virtuoso: Percepção de justiça → Benefícios mútuos → Confiança → Motivação → Cooperação → Desempenho superior → Percepção de justiça

Ciclo vicioso: Desempenho inferior → Situações injustas → Desconfiança → Estratégia de defesa → Oportunismo → Desempenho inferior

Em uma sociedade que produz e mantém uma atmosfera de confiança positiva, as pessoas passam a compreender que realizar investimentos de confiança é um comportamento normal. A concepção errônea é acreditar que a confiança é importante apenas quando existem situações muito claras em que os indivíduos devem confiar uns nos outros. Ou seja, quando os riscos são altos e facilmente identificados, ou quando as pessoas têm dúvidas sobre o comportamento dos outros.

A cultura da confiança numa organização baseia-se em um sistema de incentivos e valores compartilhados na forma de normas e regras que assumem que os indivíduos em geral são confiáveis. Ambientes de confiança geram reputações pessoais e favorecem a "absorção" do risco nas interações entre os membros do sistema. Por outro lado, a ausência de interações devido à relutância dos envolvidos em se engajarem em relacionamentos de confiança pode ser um indicador da ausência de cooperação espontânea e de um sistema de incentivos adequado. A consequência é um aproveitamento ineficiente dos recursos humanos da organização.

Dimensões de confiança

Como observamos, as relações de confiança ocorrem dentro de um determinado contexto social. Além das características individuais envolvidas em uma relação específica de confiança entre dois agentes, há também dimensões singulares relacionadas ao contexto social em que ocorrem e ao nível de institucionalização das relações de confiança. Em geral, podemos identificar três dimensões concernentes a um investimento de confiança:

1) *confiança interpessoal* – esta dimensão se refere a uma relação entre dois ou mais agentes de interação. É relativa a uma situação específica X. A confiança interpessoal ocorre em um determinado momento e é resultado das *informações específicas* adquiridas no relacionamento entre agentes de interação ou sobre a reputação individual dos agentes;

2) *confiança sistêmica* – representa as categorias de *informações gerais* para que agentes de interação possam realizar investimentos de confiança em determinadas sociedades. Diz respeito ao grau de confiabilidade que um indivíduo ou grupo de indivíduos percebe em um determinado sistema social de menor escala, como uma organização. Em uma sociedade de menor escala, indivíduos podem estimar o comportamento dos agentes de interação e usar esta informação para futuras interações com outros agentes no mesmo sistema. Esta dimensão está relacionada aos valores e crenças da cultura organizacional que opera como uma fonte de informação. Indivíduos observam normas formais e informais de comportamento que podem incentivar a reciprocidade, o desenvolvimento de reputações pessoais e a presença de uma atmosfera de confiança. Esta dimensão é construída socialmente por meio da percepção coletiva de uma atmosfera de confiança com base em um sistema de interações construído ao longo do tempo;

3) *confiança institucionalizada* – existe no compartilhamento intersubjetivo que emerge da institucionalização mais ampla da confiança nas estruturas sociais, por exemplo, dentro de uma cultura

étnica.[35] Neste caso, alguns mecanismos institucionais reforçam e asseguram os investimentos de confiança numa sociedade de larga escala. As instituições representadas por meio de contratos, certificações, reputações e garantias sinalizam certa confiabilidade e influenciam as interações humanas. Em ambientes mais complexos, as pessoas fazem uso deste tipo de confiança institucionalizada para reduzir a complexidade do desempenho de outros indivíduos. Por exemplo, a informação pode ser adquirida na forma de certificados, reputações ou garantias, ou pode ser adquirida por meio de terceiros, referente a reputações com base em competências e características de potenciais parceiros de interação. Em um nível institucional, confiança é parte de instituições formais e informais, construídas socialmente, que emanam das macroestruturas sociais.

Qualificações na forma de documentos formais, tais como diplomas e certificados, participação em agremiações e associações, são instrumentos institucionais que reforçam os investimentos de confiança entre as pessoas. Uma outra forma de confiança institucionalizada são os profissionais que possuem um cargo fiduciário dentro da sociedade, como médicos, juízes e policiais, e que por isso trazem uma reputação institucional. De maneira geral, as pessoas confiam seus problemas de saúde ao médico, acreditando que este irá agir corretamente e da melhor forma, buscando honrar seu compromisso profissional e manter sua reputação pessoal. Porque os médicos possuem uma informação específica que é desconhecida pelo paciente, resta confiar que o médico não irá agir de forma oportunista porque tem interesse em preservar sua reputação. O mesmo ocorre com os juízes de direito e policiais, que, tendo sido "confiados" pelo sistema legal, usufruem de reputação institucional. Em sociedades mais complexas e de larga escala, as pessoas adquirem informações e possuem certa confiança nessas instituições e organizações, por meio das inferências que fazem ao longo do tempo, quando interagem com os agentes que as representam.

Restrições para o desenvolvimento da confiança organizacional

Há uma grande diversidade de variáveis organizacionais que influenciam os níveis de confiança dentro das empresas, no entanto, a principal restrição ao desenvolvimento das relações de confiança encontra-se nos ambientes institucionais específicos, relacionados a diferentes segmentos industriais.

Instituições são entrelaçamentos de práticas sociais que reduzem a incerteza por meio de convenções sociais, não necessariamente de forma eficiente. Elas são formadas basicamente por normas e regras formais e informais, e alguns mecanismos inerentes a estes elementos que atuam reforçando suas convenções. Enquanto as instituições formais constituem-se de sistemas de regras e organizações políticas, econômicas e legais, as informais referem-se aos valores, normas implícitas, convenções e códigos de conduta que estão profundamente relacionados à cultura e, consequentemente, aos níveis de confiança. A evolução das instituições informais parece ser a principal força que promove mudanças nas instituições.[36] Um exemplo de mudança institucional ao longo das últimas décadas é a divisão social de trabalho por gênero, que vem sendo redefinida, principalmente no Ocidente. Se historicamente na sociedade ocidental as mulheres se encarregavam de tarefas domiciliares, esta divisão histórica do trabalho vem se movendo para situações de maior igualdade de oportunidades para homens e mulheres.

Para a análise dos níveis de confiança dentro de uma sociedade é importante observar que as mudanças institucionais refletem um determinado grau de incerteza. As incertezas institucionais são os principais elementos que restringem o desenvolvimento das relações de confiança, porque as incertezas ambientais (externas) são transferidas para as relações internas das organizações, representando considerável impedimento à estabilidade das relações entre os agentes de interação.

Observando-se as atividades econômicas em diferentes indústrias, nota-se que arcabouços institucionais distintos impõem características comuns às empresas de uma mesma indústria sob a forma de limitações. Estas limitações restringem as decisões gerenciais e estão relacionadas a dinâmicas bem específicas de mercado. Este conjunto de limitações relativo a uma indústria pode ser o resultado de uma combinação de variáveis institucionais, tais como limitações políticas e legais que regulam uma determinada indústria, o estado da tecnologia, o nível de competição e outros parâmetros culturais relativos à indústria.

Nesta linha, Anderson e Gatignon (2005) observam que inovações tecnológicas se difundem de maneiras diferentes entre indústrias distintas, de acordo com outros fatores, tais como nível de competição, reputação, intensidade do mercado, incerteza relativa à demanda e o grau de profissionalização. Nesta mesma linha, Gordon (1991) propõe um diagrama em que "imperativos industriais" impõem condições restritivas para a sobrevivência e prosperidade das empresas. Na visão de Gordon, diferentes organizações são fundadas sobre parâmetros baseados em imperativos industriais, tais como clientes, competidores e sociedade. Desta forma, até certo grau, esses fatores atuam como limitantes comuns e definem padrões de comportamento para uma indústria. Por fim, este conjunto de restrições institucionais impõe certo grau de incerteza ambiental a partir da frequência das mudanças das variáveis, que acabam influenciando as organizações em diferentes formas e estruturas de gestão.

A incerteza ambiental possui fontes variadas e tem sido abordada de diversas formas. Elas podem estar relacionadas à instabilidade das demandas, à volatilidade de mercados e diversidade das tecnologias ou à instabilidade política.[37] Por outro lado, o desenvolvimento e a manutenção das relações de confiança dependem em grande parte da estabilidade dos sistemas sociais.[38] Isso sugere que, em geral, organizações estabelecidas por mais tempo e operando sob menor incerteza ambiental enfrentam menos riscos e necessitam de menor capacidade de adaptação (por exemplo, nas indústrias em que os custos de entrada são altos e as demandas são constantes). Operando sob baixa incerteza ambiental e maior estabilidade, estas empresas tendem a desenvolver processos e rotinas regulares, e, consequentemente, uma cultura corporativa mais adequada para gerar acordos informais que favoreçam o surgimento das relações de confiança. Em contrapartida, empresas que operam sob maior incerteza e instabilidade necessitam de maior capacidade de adaptação, o que demanda estruturas organizacionais mais flexíveis (organizações horizontais e em redes) e descentralizadas, de forma a lidar com as contingências futuras imprevisíveis. Empresas descentralizadas operam, geralmente, sob regras mais informais e recursos contingenciais para lidar com as constantes mudanças.

Adaptação às novas demandas requer realocação, redistribuição e redimensionamento de recursos, o que afeta diretamente o comportamento organizacional. Tais modificações externas transferem-se para as estruturas internas das empresas e podem ameaçar consideravelmente as expectativas dos indivíduos. Consequentemente, isso afeta a predisposição das pessoas em confiarem umas nas outras. A imprevisibilidade torna as relações de confiança mais desejáveis. Porém, é exatamente sob tais circunstâncias que as probabilidades de abuso de confiança podem ocorrer (aumentando as possibilidades de oportunismo entre agentes de interação), tornando-se mais difícil manter os laços de confiança.

Altos níveis de incerteza aumentam o risco relativo das transações.[39] Neste sentido, o aumento nos níveis de incerteza exógena (institucionais) influencia diretamente os níveis de riscos endógenos (internos à empresa), pois o futuro torna-se mais imprevisível sob múltiplos cenários. Uma consequência relevante da incerteza ambiental no comportamento organizacional é a adoção de estratégias de curto prazo. A melhor resposta para a incerteza é evitá-la por meio de ações de curto prazo. Em vez de planejar um futuro incerto, gestores usam estratégias de curto prazo como resposta a distúrbios recorrentes.[40]

É comum que as estratégias de curto prazo sejam adotadas em ambientes de rápidas mudanças, o que requer uma constante necessidade de redimensionamento e redisposição dos recursos da empresa, além de mudanças dos sistemas de produção. Estratégias de curto prazo apresentam também efeitos sobre a alocação e a recolocação dos recursos humanos da empresa, e geram um ambiente de alta instabilidade. Em consequência, o aumento da incerteza ambiental afeta de forma considerável os contratos relacionais, ameaçando ou diminuindo a probabilidade de futuras interações cooperativas. Neste sentido, as primeiras boas intenções podem sempre mudar quando contingências imprevisíveis ocorrem.[41] Com o tempo, agentes de interação podem modificar seu comportamento durante o andamento do contrato.

Assim que mudanças ambientais tornam-se mais frequentes, o ambiente interno das organizações fica mais instável. Instabilidade refere-se à quantidade de mudanças em um ambiente. A instabilidade das relações de trabalho prejudica o período necessário de socialização de longo prazo e representa o principal inimigo do desenvolvimento da socialização como forma de controle. Isso implica em constantes mudanças em rotinas, costumes, tradições e convenções, que agem como limitantes e dirigem informalmente sistemas sociais. A instabilidade pode variar de acordo com distintos ambientes institucionais, afetando o desenvolvimento de confiança de diferentes formas.

O CASO DA OFICINA MECÂNICA DO SR. CARLOS

Sabe-se que num bairro de classe média alta do Rio de Janeiro, o sr. Carlos, proprietário de uma oficina mecânica de automóveis, desenvolveu uma relação bastante singular com seus clientes, especificamente o público feminino, com base em confiança.

Ao contrário das demais oficinas mecânicas do bairro, que ostentam ambientes com aspecto sujo, cartazes de mulheres nuas em suas paredes e funcionários que trabalham eventualmente sem camisa, o sr. Carlos observou que tal ambiente criava constrangimento para as mulheres que entravam nessas oficinas para consertar o carro.

O sr. Carlos resolveu adotar outras regras para criar um ambiente diferenciado em sua oficina. Lá, os mecânicos andavam uniformizados, com as camisas abotoadas. Eram instruídos a se comportarem de forma educada quando se relacionavam com os clientes, especialmente com as mulheres, e as paredes da oficina ostentavam apenas cartazes de produtos automotivos. Mais do que isso, o sr. Carlos criava laços de confiança com cada cliente, pela transparência e clareza com que analisava e tratava cada caso.

Apesar de sua pouca instrução formal, o sr. Carlos tinha uma filosofia de trabalho muito bem-definida, que atribuía à herança de seus pais. Acreditava que as pessoas poderiam trabalhar melhor desde que fossem justamente reconhecidas e remuneradas. Investia na preparação de um jovem mecânico ao longo de muito tempo, e quando porventura um deles deixava a oficina por motivos pessoais, eram frequentes os casos em que acabavam voltando para trabalhar com ele, e se não retornassem, prezavam a oportunidade que receberam no passado. Por isso, o sr. Carlos era um homem respeitado por seus funcionários.

Certa vez, a sra. Mônica entrou na oficina com um problema específico em seu carro. O automóvel estava "morrendo" quando parava nos sinais. O sr. Carlos analisou o veículo e informou à cliente que o problema estava na parte elétrica do carro e o conserto exigia a troca de uma peça que custava 250 reais, além da mão de obra no valor de 200 reais. E comentou: "A senhora não precisa confiar imediatamente no meu diagnóstico como única opção. Vá a uma oficina autorizada e peça outra avaliação. Provavelmente vão dizer que o problema é mais complicado e compromete todo o sistema elétrico do carro e vão acabar cobrando bem mais!"

O sr. Carlos sabia que em geral a relação das grandes oficinas especializadas com os clientes era de oportunismo, especialmente com o público feminino. Elas tentavam vender uma solução mais cara do que efetivamente exigia o problema. Isso era frequente no mercado de conserto de automóveis, pois o conhecimento específico de um problema elétrico no motor de um carro fazia com que houvesse sempre uma assimetria de informações entre o mecânico e o cliente, o que abria a possibilidade para tal atitude oportunista.

A sra. Mônica foi até uma oficina especializada e acabou recebendo um orçamento muito mais caro, conforme o sr. Carlos havia previsto. O funcionário da oficina especializada era instruído a vender o máximo a cada cliente, pois recebia uma remuneração variável de acordo com o volume de vendas, o que fazia com que grande parte deles realizasse orçamentos de maior custo. Quando se tratava de uma mulher, os mecânicos entendiam que a tendência era aceitar o primeiro diagnóstico, uma vez que o público feminino desconhecia assuntos de mecânica em geral (o que geralmente atribuíam a uma curiosidade natural do público masculino). Por isso, assumiam que uma mulher não teria outra opção senão aceitar o que lhe era imposto. Voltando à oficina do sr. Carlos, a sra. Mônica encomendou o serviço para seu carro.

Assim, o sr. Carlos trabalhava com uma visão de longo prazo e conquistava uma clientela extremamente fiel, especialmente mulheres, com base na confiança que desenvolveu com seu público.

PARTE 2

CONFIANÇA COMO ATIVO INTANGÍVEL ORGANIZACIONAL

1 Confiança na sociedade do conhecimento

Os estudos sobre as relações de confiança têm aumentado devido à crescente demanda pelo trabalho mais especializado. A transição dos sistemas industriais de produção em massa para os sistemas de produção na era do conhecimento determinou uma nova lógica para a criação de valor econômico e uma dinâmica diferente para o trabalho.

Os tradicionais sistemas de produção em massa e grande parte do desenvolvimento de nossas atuais tecnologias de gestão encontraram grande suporte no taylorismo. O modelo taylorista era focado na centralização, na divisão de tarefas e na estabilidade do sistema.[1] Ele postulava a estabilidade do tempo, permitindo-se analisar com os dados registrados no passado, para efeito de avaliação de custos e eficiência do sistema no presente. A divisão de tarefas transformava uma totalidade complexa em unidades elementares de produção de fácil quantificação e aferição. A soma destas unidades formava o todo. Esta totalidade do sistema-empresa, ou o poder de síntese e decisão, era então objeto de controle do topo da hierarquia. A estrutura conferia autoridade, controle e poder aos hierarquicamente superiores. Cada produto tinha seus custos associados, diretos e indiretos, definido por horas de máquina e horas trabalhadas como unidades operacionais. Assim, no modelo taylorista, a produtividade é a produtividade do trabalho direto, e a produtividade do trabalho direto é o rendimento.[2] O valor de cada produto está relacionado ao seu custo. Nesse modelo, mensurar e maximizar os rendimentos tornava-se uma tarefa objetiva e eficiente.

Os princípios de administração científica criados por Taylor, e implementados por Ford, tinham como premissa fundamental a centralização da informação e do conhecimento limitados ao núcleo gerencial. Fukuyama (2000) observa que os trabalhadores com um baixo nível educacional eram motivados por incentivos individuais, fossem estes recompensas pelo aumento da produtividade ou até mesmo punições, e eram facilmente repostos.[3] Como afirma o autor, no modelo de baixa especialização da mão de obra e de tarefas individuais não havia necessidade de se destacar as relações de confiança, capital social ou normas sociais informais.

A transição do modelo taylorista de organização hierárquica para um modelo organizacional da era do conhecimento implica o surgimento de organizações horizontais e redes, uma força de trabalho cada vez mais especializada, a transferência da função tradicional de coordenação por meio de regras burocráticas, com controle e monitoração formal, para mecanismos sociais mais informais e consensuais. O que ocorre na transição dos sistemas de produção em massa para os sistemas de produção com base no conhecimento é a transferência relativa, ainda que em parte, da propriedade dos meios de produção, da empresa para os trabalhadores. Se antes, no modelo de produção em massa, a produtividade era alcançada pelos meios de produção de propriedade exclusiva da empresa, como máquinas e ferramentas, na era do conhecimento a produtividade passa a estar relacionada ao conhecimento específico dos empregados, na forma de capital intelectual. Como afirmou Peter Drucker, os empregados da era de produção em massa nas fábricas faziam o que lhes era solicitado, apenas operavam máquinas, sem decidir o que fazer e como fazê-lo. O colaborador da era do conhecimento pode precisar de um instrumento para realizar sua tarefa, mas a máquina sem a sua habilidade específica é totalmente improdutiva.[4] Assim, o que caracteriza esta era é a aplicação do conhecimento sobre o próprio conhecimento, num processo contínuo de desenvolvimento, marcado por rupturas tecnológicas.

O conhecimento específico desenvolvido numa empresa pode representar uma competência distinta, ou, como afirmou o autor C. K. Prahalad, uma competência essencial. Porém, o conhecimento em si possui como característica a perecibilidade e em pouco tempo pode se tornar insuficiente para responder às demandas de mercado. A empresa constantemente precisa adquirir novos conhecimentos e adicionar um valor maior ao que produz. Muitas vezes a organização terá que recorrer a terceiros que possam contribuir com suas especialidades específicas. Esta é uma das formas que a era do conhecimento estimula – a formação de redes cooperativas. Em vez de fomentar a inovação pelo desenvolvimento tecnológico e contínuo dentro dos laboratórios de Pesquisa e Desenvolvimento (P & D), na era do conhecimento esse processo relaciona-se a frequentes rupturas tecnológicas, apresentando uma grande variedade de tecnologias substitutas e divergentes. Como afirmou Kenneth Arrow (1974), o conhecimento é inerentemente incerto e se diferencia em função da incerteza, da assimetria e dos custos de transação.

No novo sistema de produção com base no conhecimento, a lógica da criação de valor econômico não está associada ao custo de máquinas e horas de trabalho, mas à aplicação do conhecimento sobre o próprio conhecimento para a criação de valor. Uma vez que parte da propriedade dos meios de produção pertence aos empregados, os sistemas baseados no conhecimento têm mudado a natureza da transferência da propriedade e, consequentemente, a natureza dos custos de transação nas atividades produtivas. Isso implica uma nova lógica de transferência de valor e um novo modelo de contrato de trabalho. Qualquer modificação nesses sistemas implica mudança no comportamento das pessoas. Essa transformação marca igualmente a transição entre um modelo estável para um de alta incerteza, afetando diretamente o comportamento dos indivíduos que participam da empresa. Assim, a estabilidade do sistema taylorista é substituída por riscos que caracterizam a natureza do novo modelo de aplicação intensiva do conhecimento, transferindo incerteza para as relações e acordos no ambiente de trabalho. A transição destes dois paradigmas está associada às condições de contexto: ao crescente aumento da competitividade, ao desenvolvimento das tecnologias de informação e à expansão das empresas em âmbito global em busca de novas demandas de mercado.

Roberts e Van der Steen (2001) afirmam que a crescente importância do conhecimento e do capital humano sugere que seus provedores tenham uma participação maior nos processos de governança corporativa nas empresas, porque passam a possuir uma participação maior no capital total da organização, e tais investimentos necessitam de certa proteção institucional. Essas mudanças têm criado demandas por novas formas de controle nas atividades econômicas mais consensuais, interdependentes e cooperativas, com base em interesses mútuos.

Os sistemas produtivos baseados no conhecimento intensivo solicitam maior compartilhamento de informação, construído por meio de relações de consenso. Desta forma, as relações de confiança assumem relevância e se tornam algo altamente desejável, não somente como um mecanismo de coordenação informal para as atividades produtivas, mas também como uma precondição para se alcançar melhor desempenho e diferencial competitivo no novo ambiente de negócios.[5]

O processo de inovação na era do conhecimento surge relacionado à acumulação sequencial da experiência de trabalho compartilhado, principalmente com grupos de especialistas. Cooperação implica conhecimento mútuo, compartilhamento de rotinas, representações e formas de pensamento. A proximidade entre os parceiros de interação é construída por meio de experiência de cooperação, e, desta forma, confiança e aprendizado organizacional estão intimamente relacionados.

No entanto, a confiança é necessária porque a cooperação envolve incertezas relativas às habilidades atuais do indivíduo e ao seu grau de confiabilidade. Como observamos, a confiança desenvolve-se entre parceiros como o resultado de repetidas interações, e estas fornecem informação adicional e significado sobre o comportamento dos parceiros, reduzindo a incerteza e estabelecendo um mínimo de previsibilidade sobre o seu comportamento. Como afirmou Selznick (1957), o comportamento intencional desses indivíduos que se comprometem mutuamente para fins comuns define o processo pelo qual uma organização desenvolve sua competência intelectual distinta no mercado.

No entanto, a grande dificuldade para o gestor na era do conhecimento é fazer com que os colaboradores cooperem voluntariamente pela aplicação do conhecimento, que ele mesmo (o gestor) não possui.[6] Desta forma, a gestão da cultura corporativa, compreendida como um conjunto de elementos gerenciais físicos e ideológicos, pode substituir a aplicação dos sistemas tradicionais de monitoração e controle, por meio coercitivo para meios mais informais com base no consenso. Essa nova demanda por relações mais consensuais pode ser observada na transição dos sistemas de produção de massa, que caracterizam grande parte do trabalho na era industrial, com o emprego do trabalho físico e menos especializado, para os sistemas de produção com base no conhecimento, que solicitam um trabalho mais especializado e estruturas organizacionais mais flexíveis e, portanto, requerem maior consenso e reciprocidade nas relações entre os indivíduos.

A figura 11 nos mostra a transição de um modelo industrial para o modelo da era do conhecimento e, respectivamente, a transição da natureza das relações de trabalho: da aplicação de sistemas de controle mais coercitivos para a crescente aplicação de mecanismos sociais baseados em consenso. No meio destes dois extremos, sistemas de produção híbridos coexistem, apresentando a combinação em diferentes proporções destes mecanismos de controle.

Figura 11 – A natureza das relações de trabalho conforme os sistemas de produção

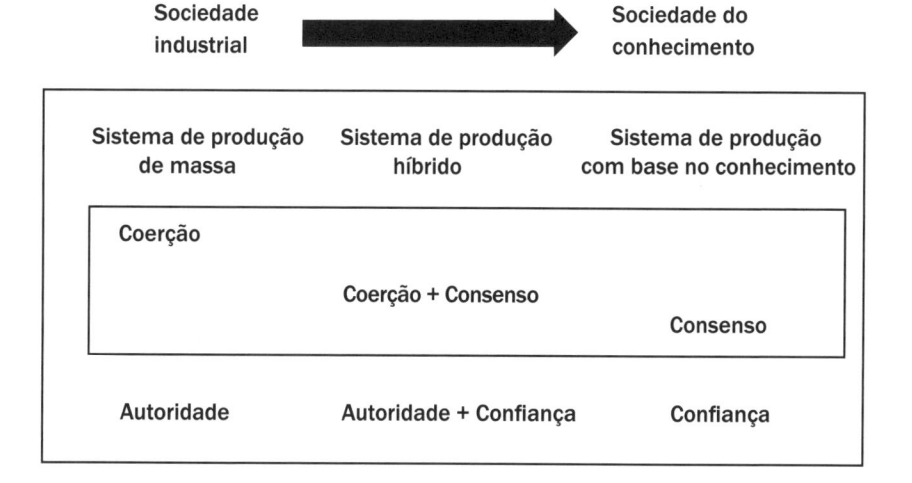

Sociedade industrial	→	Sociedade do conhecimento
Sistema de produção de massa	Sistema de produção híbrido	Sistema de produção com base no conhecimento
Coerção	Coerção + Consenso	Consenso
Autoridade	Autoridade + Confiança	Confiança

Onde existirem relações com base na confiança, a necessidade de mecanismos de monitoração e controle formal (e seus custos associados) podem diminuir. Portanto, na sociedade do conhecimento, a gestão da cultura organizacional orientada a fomentar relações de confiança funciona como um instrumento gerencial para promover a coordenação informal, gerando cooperação e comprometimento entre os indivíduos. A confiança criada representa um incentivo para que os indivíduos interajam constantemente, definindo rotinas e estruturas de cooperação. Neste sentido, a gestão da cultura corporativa se torna um instrumento estratégico para a produtividade e o desempenho organizacional.

2 | O INTANGÍVEL NA CRIAÇÃO DO VALOR ECONÔMICO

A transição de um modelo de produção industrial para um modelo de produção baseado no conhecimento fez surgir novas demandas por indicadores de desempenho que possam oferecer uma melhor compreensão sobre a criação do valor econômico. A lógica da produção baseada no conhecimento impôs a necessidade de novos mecanismos para motivar e coordenar, mais consensuais e cooperativos, alinhados a uma nova lógica de criação de valor fomentada pela aplicação do conhecimento especializado. Essa lógica transfere, em parte, a propriedade dos bens de produção para os empregados, na forma de capital intelectual. Por esta razão, estudos recentes em administração e economia organizacional vêm buscando compreender melhor a criação, o desenvolvimento e a manutenção dos fatores intangíveis nas organizações, bem como a sua relevância para o desempenho organizacional.

A nova dinâmica de trabalho na era do conhecimento somada às pressões por ganhos de competitividade e eficiência têm provocado profundas transformações na gestão empresarial e nas relações de trabalho. Isso tem gerado novas demandas para as escolas de negócios. Nos últimos anos, observamos a transferência do foco das discussões das estruturas organizacionais para a motivação da força de trabalho. Cada vez mais os ativos intangíveis ocupam um espaço significativo na compreensão da formação do valor econômico e no conceito de sustentabilidade das organizações. Novos nomes como competências, liderança, gestão baseada em valores, diversidade e gestão do capital social vêm assumindo um papel de maior relevância na agenda dos gestores. Na mesma proporção, aumentam as demandas em todo o mundo por temas como liderança, ética, motivação e cultura organizacional, que de certa forma refletem esses novos desafios para a gestão empresarial.

Ainda que persista o pensamento da era industrial, mecanicista, que tende a reduzir o sistema-empresa a uma "caixa-preta", onde índices cifrados entram e saem, muitos esforços têm sido feitos nas últimas décadas para melhor compreender a relevância dos intangíveis na valoração das empresas. Especialmente em face das novas demandas da era do conhecimento, um modelo econômico unidimensional que privilegie apenas medidas objetivas de desempenho já não é suficiente para explicar a maior complexidade em que está envolvida a formação do valor dentro das empresas. O esforço por compreender os elementos intangíveis que compõem o valor econômico é fundamental para a melhoria da gestão. Essa transição de um modelo de desempenho de valoração linear, de grandezas monetárias, para um mais complexo de avaliação qualitativa, demanda compreensão dos fatores que possam efetivamente construir um ativo intangível.

Ativos intangíveis são parte do patrimônio imaterial da organização e dão suporte às promessas de entrega de valor futuro. Os principais ativos intangíveis de uma organização são:

- a marca;
- a cultura;
- o grau de confiança interna;
- o clima de predisposição à cooperação;
- o capital humano;
- a reputação organizacional;
- a inter-relação entre esses fatores, que gera o contexto capacitante no qual a inteligência competitiva pode surgir.

A cultura organizacional representa a "espinha dorsal" da construção dos intangíveis em relação a sua capacidade de gerar e gerir uma entrega continuada de valor para os clientes e para os demais *stakeholders*. Confiança, portanto, é um ativo intangível que pode assumir maior relevância de acordo com o contexto organizacional e a natureza das tarefas organizacionais.

Nos últimos 30 anos inúmeros esforços vêm sendo feitos nas principais universidades do mundo para mensurar ativos intangíveis, mas com baixíssimo grau de sucesso. Em levantamento recente sobre esta literatura, observamos uma tendência comum: a de tratar um ativo intangível pela mesma lógica com a qual se trata um ativo tangível, tentando isolá-lo e precificá-lo. O erro metodológico dessa abordagem é tratar o ativo intangível como objeto, quando de fato ele só é um ativo intangível de uma organização quando existe dentro de um conjunto de relações.

Para melhor entender a formação dos ativos intangíveis, tomemos por um momento a perspectiva contábil que justifica a procedência do termo "ativo". A estrutura patrimonial de uma empresa é formada, por um lado, pelos ativos, compreendidos como investimentos em bens e direitos, e por outro, pelas obrigações junto às pessoas que financiam esses ativos, representados pelos capitais dos proprietários e de terceiros. Assim, esta relação contábil de causa e efeito revela que, para cada manifestação, haverá sempre uma causa que poderá ser conhecida ou não. No entanto, o desconhecimento da causa não quer dizer que ela não exista.[7]

Segundo Sérgio Caldas (2001), o conjunto de ativos de uma empresa, formado tanto pelos recursos de terceiros quanto pelos recursos da própria empresa, estarão sempre relacionados a duas origens bem distintas: 1) aos componentes financeiros conhecidos e calculáveis – por exemplo, dívidas com instituições financeiras, dívidas com fornecedores e demais pessoas físicas ou jurídicas; e 2) aos componentes de natureza intangível (não calculáveis) que, de alguma forma, estão implícitos àqueles que concederam créditos para a empresa, tais como a cultura organizacional, o capital humano (educação, habilidades pessoais etc.) e o capital relacional ou capital social (valores morais, relações de confiança, reputações pessoais etc.). Portanto, os componentes intangíveis evidenciam um aspecto qualitativo na constituição dos ativos de uma empresa.

É importante observar que nem todos os fatores intangíveis de uma empresa são positivos, podendo contribuir de forma positiva ou negativa para a formação dos ativos. Para que possamos nos referir aos fatores intangíveis como ativos, estes devem necessariamente promover benefícios futuros, de maneira direta ou indireta. A sinergia entre os diversos fatores físicos, humanos ou decisórios, sejam estes tangíveis ou intangíveis, pode exercer uma influência de valor no rendimento de um empreendimento e, consequentemente, na valorização daqueles outros elementos intangíveis que consistentemente passaram a representar um verdadeiro ativo. Por exemplo, a gestão da cultura organizacional, que se traduz na qualidade da coordenação informal, e o desenvolvimento dos recursos humanos podem promover o surgimento de verdadeiros ativos intangíveis no contexto da estrutura patrimonial de uma empresa, na forma de capital humano ou de capital relacional, que, por sua vez, podem contribuir para a criação de um valor econômico distinto. No entanto, práticas antiéticas no ambiente de trabalho, como o assédio moral, são fatores intangíveis que contribuem negativamente para a formação de ativos, podendo aumentar as chances de insatisfação e oportunismo. Neste sentido, consideramos passivos intangíveis os elementos que drenam tempo e esforços das pessoas, os fatores que ameaçam a reputação e a marca e/ou impactam no aumento de riscos e perdas de difícil mensuração.

Alguns estudiosos entendem que medidas objetivas, empregadas com mais frequência para aferição do desempenho organizacional, são raramente perfeitas e a eficiência da aplicação de incentivos contratuais depende, em grande parte, de um conjunto de fatores psicológicos, sociais e econômicos, ainda não inteiramente compreendidos pelas ciências econômicas e administrativas.[8] As relações de confiança nos servem como um eficiente indicador de gestão, pois são construídas sobre a aplicação conjunta de incentivos formais e informais, tais como sistemas de remuneração e recompensa, que revelam qualidade do *pacto informal* celebrado entre os membros de uma organização.

3 | Confiança como estilo de gestão

Existem três importantes variáveis na formação dos estilos de gestão: 1) o comportamento da alta liderança, expresso em suas decisões e expressões verbais e não verbais; 2) a aplicação de sistemas de incentivos (salários, benefícios e nível de autonomia sobre o uso de recursos) e a aplicação do sistema de consequências (premiações e punições); 3) a filosofia administrativa e a cultura da empresa. A ênfase sobre determinados fatores revela os valores praticados na organização.

Figura 12 – Formação do estilo de gestão

[Diagrama de Venn com três círculos: Comportamento das lideranças; Aplicação do sistema de incentivos e consequências; Filosofia administrativa e cultura organizacional]

A opção por um ou outro estilo de gestão deve ser fruto do desdobramento da estratégia da organização, e sua implementação traz necessariamente custos associados à criação de um contexto capacitante que promova a estratégia organizacional. Qualquer decisão deve estar ancorada à lógica da eficiência econômica. Diferentes estilos de gestão possuem efeitos distintos sobre a motivação dos indivíduos e a capacidade da organização de gerir seus ativos intangíveis. Nem sempre essas escolhas e suas consequências são totalmente perceptíveis aos gestores encarregados de tomarem essas decisões, considerando o curto, médio e longo prazo. Entretanto, seus efeitos impactam os interesses de todos os membros da organização e seus *stakeholders*.

A OPÇÃO PELA CONFIANÇA

A gestão dos mecanismos sociais busca atender às necessidades humanas fundamentais de participação, reconhecimento e pertencimento ao grupo. Tais necessidades caracterizam os contratos relacionais de trabalho, com perspectiva de longo prazo, e fortalecem particularmente um estilo de gestão com base na confiança. Geralmente esta escolha está alinhada a estratégias de relacionamento, tais como:

- diferenciação pela inovação;
- diferenciação pela qualidade de produtos e serviços;
- gestão da mudança e para o crescimento;
- fusões e aquisições;
- gestão da inteligência competitiva;
- redução de acidentes de trabalho;
- foco na qualidade do atendimento ao cliente.

O grau de inteligência demandada por essas estratégias aponta para a necessidade de criar um modelo de gestão de pessoas alinhado com a demanda por aprimoramento contínuo e estratégias de comunicação e de relacionamento. Isso implica um estilo de liderança mais consultivo, novos processos e ferramentas de trabalho e novas formas de pensar a gestão de pessoas, com sistemas de reconhecimento e recompensa alinhados aos desafios da colaboração.

Nestes casos, a cultura organizacional torna-se um importante fator de coordenação flexível. Junto com o sistema de incentivos, pode apoiar parcialmente o cumprimento dos objetivos estratégicos. Geralmente as empresas que buscam sofisticar a sua entrega encontram o desafio de migrar da primeira coluna para a segunda (figura 13), o que só é possível por meio da estruturação da colaboração.

Figura 13 – Mudança para a cultura da confiança (interdependência)

Ações unilaterais	Ações sistêmicas
Cultura em estágio instintivo com atenção principal às virtudes individuais	Cultura em estágio interdependente com atenção principal às virtudes sociais
• Muito esforço	• Implementação gradual
• Ações isoladas	• Ações globais
• Pouco envolvimento	• Interação de todos
• Baixo comprometimento	• Gerenciamento via liderança
• Baixos padrões	• Altos padrões
• Baixa sinergia	• Sinergia máxima
• Conflitos estratégicos	• Plano de ação
• Prioridade	• Valor
• Instinto ou hierarquia (heteronomia)	• Si mesmo – equipe (autonomia)

O que significa fazer gestão de pessoas mais alinhadas com as características da coluna da direita abaixo:

Baixa confiança Alto controle		Alta confiança Baixo controle
Transacional	Contrato de trabalho	Relacional
Coerção e pressão sobre o indivíduo	Natureza da relação	Consenso e reciprocidade
Autoridade + controle	Mecanismos de gestão	Confiança + autonomia
Regras formais	Ferramentas	Regras informais
Indivíduo	Ênfase	Grupo

A gestão com base no controle direto sobre a execução das tarefas e no monitoramento do trabalho, com metas individuais e isoladas, utiliza-se mais de mecanismos de natureza coercitiva e pressão por produtividade, e geralmente está focada em resultados individuais de curto prazo, associados à baixa autonomia, admitindo alta rotatividade de empregados. Quanto mais se intensifica a aplicação de processos formais de controle, mais se reduzem os efeitos e benefícios dos mecanismos sociais, consensuais e participativos, que reforçam um estilo de gestão com foco na confiança. Enquanto os contratos transacionais caracterizam-se pela baixa preocupação com o desenvolvimento e a retenção de pessoas e possuem sua ênfase no indivíduo no curto prazo, os contratos relacionais buscam criar incentivos de mais longo prazo, sentido e de significado para a ação coletiva, de modo que as pessoas possam interagir por meio de relacionamentos desenvolvidos com laços de confiança mútua.

A opção por um estilo de gestão baseado em confiança está relacionada à maior ênfase, à autonomia e à maior liberdade de ação do sujeito. Esta opção poderá ser colocada em prática por lideranças orientadas por valores compartilhados. A introjeção de valores comuns em cada indivíduo do grupo permite a redução das incertezas para a conquista dos objetivos, ao mesmo tempo que possibilita a flexibilidade organizacional e a redução dos controles. Tal estilo se contrapõe aos modelos tradicionais com ênfase em instrumentos burocráticos para a gestão de pessoas, mediante aplicação de regras externas como forma de controle e monitoração (ver figura 14).

Se, por um lado, o uso de regras externas tem como objetivo guiar as interações entre os indivíduos, por outro, sua aplicação excessiva inibe a liberdade e a autonomia dos sujeitos para a ação e reduz as possibilidades de inovação, gestão do conhecimento e da inteligência competitiva. Comparativamente, um estilo de gestão sustentado por regras externas tenderá a ser menos eficiente e não representa um substituto perfeito para um estilo de gestão com base em confiança, que opera pela lógica de princípios internalizados para a ação, alicerçados em regras implícitas de reciprocidade e cooperação.

Figura 14 – Confiança e regras externas

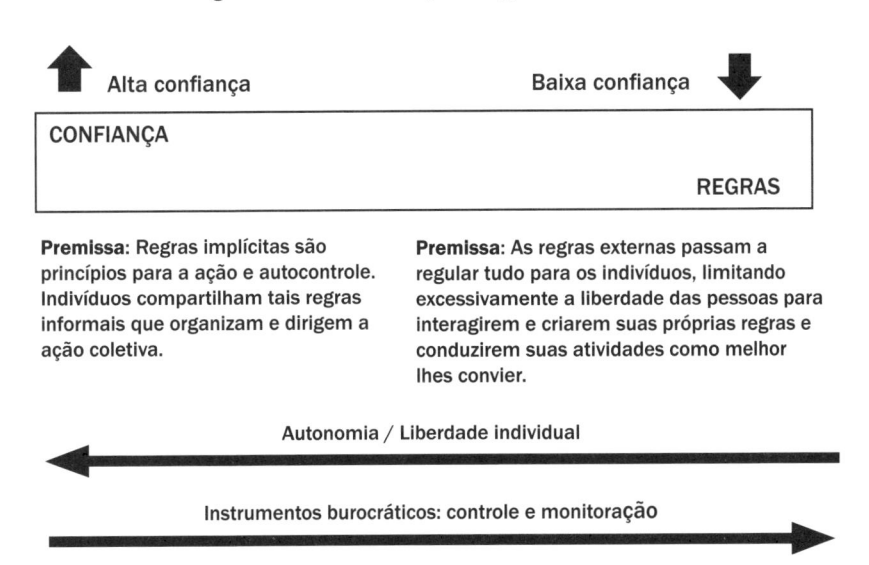

↑ Alta confiança　　　　　Baixa confiança ↓

CONFIANÇA

REGRAS

Premissa: Regras implícitas são princípios para a ação e autocontrole. Indivíduos compartilham tais regras informais que organizam e dirigem a ação coletiva.

Premissa: As regras externas passam a regular tudo para os indivíduos, limitando excessivamente a liberdade das pessoas para interagirem e criarem suas próprias regras e conduzirem suas atividades como melhor lhes convier.

← Autonomia / Liberdade individual

Instrumentos burocráticos: controle e monitoração →

As regras implícitas devem ser aquelas que favorecem a coordenação flexível e o alinhamento de especialistas que buscam desenvolver como equipe soluções eficientes para o mercado. No caso das estratégias de diferenciação pela qualidade da prestação de serviços, busca-se internamente favorecer a cooperação espontânea em equipe de forma a produzir o melhor desenho de estratégia de segmentação e desenvolver produtos e serviços mais adequados a cada segmento a partir da experiência e do conhecimento das necessidades e oportunidades. Essas estratégias com foco na cooperação apresentam uma visão orientada para a harmonia das várias unidades de negócios, com o objetivo de promover uma oferta melhor de valor ao mercado. Neste caso, a liderança mais próxima e mais presente é fundamental para a manutenção da meritocracia de resultados, pois somente o foco na inovação e na cadeia de valor tornará possível a elaboração de critérios justos de hierarquização de méritos.

Assim, por um lado, um sistema de incentivos focado excessivamente em resultados individuais e regras externas pode punir aqueles que se dedicam à cooperação em equipe, por outro, a ausência do reconhecimento individual por mérito pode prejudicar o engajamento dos indivíduos mais aptos a alcançarem resultados superiores. Equilibrar as metas organizacionais com o sistema de incentivos mais adequado é a tarefa que se coloca para a gestão estratégica de pessoas.

4 | Confiança nas organizações

Confiança tem sido um conceito importante em várias disciplinas, como na sociologia das organizações, psicologia organizacional e gestão empresarial.[9] No Brasil, o primeiro estudo empírico sobre as relações de confiança no ambiente organizacional foi realizado em 2004 e publicado na Alemanha em 2007.[10]

Como vimos anteriormente, a confiança que pode se desenvolver dentro das organizações ultrapassa a perspectiva da relação entre dois indivíduos, ou entre um indivíduo e um grupo. Fatores como perfil da liderança, cultura organizacional e sistema de incentivos e consequências podem incentivar ou inibir o desenvolvimento da confiança organizacional. Além disso, o contexto da empresa demanda outras perspectivas para a análise da formação e manutenção das relações de confiança.

Estudioso no tema, Kramer (2010) apontou quatro modalidades para o desenvolvimento da confiança coletiva nas organizações: 1) *confiança com base no sistema de regras formais e informais* – fruto do processo de socialização, que orienta os comportamentos e interações nos ambientes de trabalho; 2) *confiança com base em papéis* – constitui-se como uma forma de confiança impessoal a partir da percepção da competência e do caráter que uma pessoa deve ter para ocupar um determinado cargo ou função na organização, não relacionado especificamente ao próprio indivíduo e seu conhecimento; 3) *confiança com base em categorias* – diz respeito à confiança que se deposita *a priori* em pessoas que participam do mesmo grupo, que pode ser uma unidade produtiva ou geográfica, agremiação, associação etc., geralmente atribuindo-se qualidades gerais às pessoas que participam de um determinado grupo, como honestidade, cooperação e confiabilidade nos membros ou entre os membros de um determinado grupo; 4) *confiança transitiva* – refere-se à confiança baseada nas informações adquiridas por terceiros, que dizem respeito à reputação de uma determinada pessoa ou grupo. É considerada transitiva porque facilita a transferência de expectativas positivas (ou negativas) de um indivíduo para outro por meio de terceiros.

A presença da confiança pode aumentar a eficiência das transações nas organizações como um mecanismo de coordenação informal. Quando há relações de confiança entre as pessoas, cresce a probabilidade de trocas e compartilhamento de informações, reduzem-se os conflitos e aumentam a satisfação e motivação geral. Igualmente, diminui-se os custos de transação relacionados à aplicação excessiva de instrumentos burocráticos usados para garantir que as transações ocorram – como monitoração, controles, regras e procedimentos formais.[11]

As relações interpessoais que se desenvolvem dentro das organizações são mediadas por sentimentos, emoções, interesses e relações de poder, que podem gerar conflito e/ou cooperação. Nessas relações há sempre alguma assimetria de informação, que carrega intrinsecamente risco e incerteza. Interesses congruentes ou conflitantes nas relações entre as pessoas promovem a cooperação ou disputas por espaços de atuação e recursos. Nessas interações sociais é possível estimular o princípio da reciprocidade, de tal forma que esta propriedade se torne um mecanismo de reforço contínuo para a construção da confiança sistêmica. Nesse caso, a confiança passa a operar como um enlace relacional, reduzindo a necessidade de controles formais e regras externas. Essa propriedade representa uma precondição para o alinhamento das inteligências. Na medida em que as pessoas confiam umas nas outras, em suas equipes e em seus líderes, elas se tornam igualmente habilitadas a realizar seu trabalho de forma mais autônoma e direcionada ao mesmo objetivo. A confiança faz com que o entendimento do grupo passe a ser alcançado com um esforço (ou custo) menor.

Nesse contexto, algumas dimensões básicas representam precondições para o surgimento da confiança nas organizações: a percepção de integridade, competência, consistência, lealdade e abertura, principalmente por parte daqueles que ocupam papéis de liderança ou referência no processo de tomada de decisões. A integridade refere-se à honestidade e à confiabilidade. A competência está relacionada às habilidades e conhecimentos técnicos e interpessoais do indivíduo. Só é possível confiar em alguém cujas habilidades sejam valorizadas, e que possua os conhecimentos necessários para realizar as tarefas que lhe foram solicitadas. A consistência abarca a segurança, a previsibilidade e a capacidade de julgamento que alguém demonstra diante das situações. A lealdade refere-se à disposição de proteger e defender alguém, e a abertura refere-se a quanto se acredita que o outro confia em você.

Confiança em equipes de trabalho

Quando há confiança nas relações hierárquicas, entre superiores e subordinados, isso significa que o poder da autoridade formal encontra legitimidade, de forma que as decisões e os desafios apresentados pelos superiores tendem a ser melhor acolhidos pelos subordinados. No entanto, quando existem sinais do uso indevido de poder, ou conflitos de poder, isso pode sinalizar que a confiança encontrará dificuldades para surgir como elemento da competência organizacional capaz de gerar sinergias e eficiência para a organização. Segundo estudos realizados em empresas, ambientes de alta confiança apresentam diversas vantagens para a coordenação e flexibilização das relações hierárquicas, como o aumento da satisfação e comprometimento dos funcionários, melhoria da comunicação entre superior e subordinado, aceitação e delegação de autoridade, exercício de liderança, percepção de justiça nos julgamentos, menor competição interna em negociações, legitimidade das intenções de mudança organizacional e melhor desempenho individual e em equipes de trabalho.[12]

A existência da confiança é fator fundamental para o surgimento de conflitos positivos. Se há confiança nas interações de uma equipe, as pessoas passam a ter incentivos positivos para expor suas melhores ideias e contribuições à crítica alheia, sem receio de perdas e prejuízos. Acolhe-se o *erro honesto*, partindo-se do pressuposto que os indivíduos agem de boa-fé em prol do bem comum. A possibilidade da existência do conflito positivo, por sua vez, gera o comprometimento recíproco entre as partes e, consequentemente, melhores resultados. Na linguagem da gestão, a melhor qualidade do vínculo entre as pessoas significa o uso mais eficiente dos recursos humanos.

Nas relações pessoais dentro de equipes de trabalho, muitas atitudes de cooperação tornam-se hábitos ou padrões de comportamento instauradas na rotina diária das pessoas que refletem relações de confiança. Por exemplo, quando colegas confidenciam ideias, sentimentos ou segredos, ou quando profissionais confiam em suas equipes para lidar com situações de risco. Muitos dos aspectos motivacionais no ambiente de trabalho são gerados a partir dessas expectativas que se formam num pacto informal ao longo do tempo de interação. São expectativas que podem assegurar futuras interações e benefícios.

Diante disso, a confiança existente em um determinado grupo gera mais eficiência nas negociações entre as pessoas e segurança nas relações interpessoais, promovendo maior flexibilidade e adaptação às mudanças organizacionais. Dessa maneira, nas organizações em que há confiança entre pares e nas relações hierárquicas, pode-se dispensar, ainda que em parte, a necessidade de regulamentos burocráticos e a supervisão controladora.[13]

Em determinada equipe, o nível de confiança está relacionado à capacidade do grupo de estabelecer uma zona de lealdade e reciprocidade entre seus membros, de tal forma que estes sejam capazes de assumir riscos individuais uns com os outros e como um grupo para atingirem objetivos coletivos, acreditando que os demais não irão falhar em cumprir a sua parte. Neste caso, o desempenho excelente de um dependerá necessariamente da confiança na competência e na lealdade de outros. Assim, as relações de confiança recíproca formam a base para que se estabeleça uma cultura de interdependências, indispensável para a construção de padrões de excelência, em que a ação de cada indivíduo é potencializada pela ação coletiva.

CONFIANÇA E LIDERANÇA

Pesquisas sobre comportamento organizacional identificam a confiança como um importante elemento nas diversas teorias de liderança. A confiança que os indivíduos depositam em líderes é um fenômeno relatado por várias disciplinas, tornando-se um conceito-chave em uma série de estudos sobre teorias de liderança, como, por exemplo, na teoria transformacional e carismática,[14] sobre efetividade e outros comportamentos do líder,[15] e na teoria de trocas entre líder-liderado.[16] A relativa importância da confiança no líder também é enfatizada em estudos envolvendo atitudes, comunicação, justiça, contrato psicológico e conflitos, dentro do campo do comportamento organizacional.

Assim, a construção das relações de confiança nas organizações e o exercício da liderança caminham juntos. Apesar de a palavra *liderança* ser empregada (muitas vezes erroneamente) de forma genérica, fazendo com que se perca uma boa parte do seu significado, podemos assumir que toda liderança é formada sobre uma relação de confiança recíproca. Liderança pode ser definida genericamente como a capacidade de influenciar pessoas e movê-las na busca de objetivos comuns, a partir do desvelamento de suas potencialidades, gerando motivação, sentido e significado para o trabalho. Isso implica um investimento de confiança recíproca: primeiramente da parte do líder no liderado, pois o desvelamento das potencialidades do liderado demanda uma crença inicial por parte do líder, que vai exigir dedicação de seu tempo e energia; depois, por parte do liderado, pois a construção de um futuro idealizado será pavimentada pela percepção de integridade, consistência e justiça, que representam elementos essenciais para motivar e mover ambos na mesma direção, rumo a esse futuro.

Assim, uma relação entre líder e liderado não se caracteriza, necessariamente, por emoção e afeto, mas por investimentos de confiança do líder (A) no liderado (B), buscando estimular e construir a sua autonomia para que este possa atingir o seu nível de competência máxima na execução da tarefa. A fim de que essa relação ocorra devemos assumir um investimento inicial de confiança por parte do líder (A), e, posteriormente, de forma recíproca, por parte do liderado (B), à medida que este realiza uma leitura das reais intenções do líder. O liderado confia naquele que passa a reconhecer como líder ao passo que percebe que a sua intenção não é movida somente por interesses egoístas, mas pela promoção de benefícios mútuos. Ou seja, aqueles que reconhecem a liderança percebem que os interesses de ambos estão sendo considerados nas decisões e atitudes do líder.

Uma boa ilustração para isso são os estudos das relações de confiança e liderança em situação de alta complexidade e incerteza, por exemplo, os estudos sobre equipes militares e paramilitares de operações especiais que atuam em cenários extremos.[17] Borman, Motowildo, Rose e Hensen (1985) argumentam que, nestes casos, a liderança possui um papel relevante na coordenação e sua eficácia depende, em grande parte, do respeito constante e da predisposição dos subordinados em seguirem as ordens dos líderes e do comprometimento dos subordinados com a missão e os objetivos de sua unidade. Neste mesmo sentido, Sweeney, Thompson e Hart (2009) avaliaram a relação entre liderança e confiança, entre líderes e subordinados em situações de combate. O estudo mostra que a confiança dos subordinados em seu líder determina o quanto estão dispostos a aceitar sua influência. A credibilidade dos líderes está relacionada à percepção de *competência* e *caráter* por parte dos subordinados e às *estruturas organizacionais*, tais como: regras formais e informais, regulações, expectativa em relação a papéis e procedimentos operacionais que direcionam e incentivam os líderes a se comportarem de forma cooperativa e confiável com seus subordinados.

Sobre as *estruturas organizacionais*, alguns fatores que caracterizam a construção dessas equipes, como rigorosos processos de inclusão, maior nível de especialização de seus membros, o alto risco para a execução das tarefas e uma "doutrina operacional" formada por um sistema de crenças e rituais particulares cooperam para a criação de uma forte coesão de grupo. Os aspectos centrais da gestão dessas equipes atuando em contextos de alta incerteza podem ser sumarizados em sete elementos:

- ação orientada por uma missão (causa comum);
- normas e valores compartilhados;
- liderança compartilhada;
- autoridade central e delegação dinâmica;
- irmandade fraternal;
- lealdade e confiança extrema;
- regras claras de inclusão e exclusão (punição).

A relevância da liderança encontra-se na necessidade de mediar a relação entre a tarefa prescrita e a tarefa real perante os desafios em contextos complexos, incertos e arriscados. Cabe à liderança tal mediação, assumindo como base a experiência pessoal do líder, que fortalece o pacto informal entre os membros da equipe, uns com os outros e desses com o próprio líder. Esta relação estabelece as premissas que orientam e controlam o comportamento dos membros da equipe em suas rotinas e em situações de incerteza.

É importante compreender o *ciclo virtuoso* que se estabelece para a construção das relações de confiança, considerando as rotinas das equipes, os treinamentos e as atividades em combate. Principalmente situações críticas de combate fortalecem ou mitigam as relações de confiança entre os membros dessas equipes e renovam o pacto informal estabelecido entre seus membros. A confiança que depositam uns nos outros, quando posta à prova em situações de risco extremo, cria vínculos fortes de lealdade.

A liderança compartilhada é uma forma de lidar com situações críticas e complexas, envolvendo risco extremo ou a atitude de múltiplos especialistas para atingir objetivos comuns. Referindo-se ao exercício da liderança em situações críticas, no qual os membros de uma equipe precisam desempenhar suas funções sob urgência, incerteza e interdependência, vale destacar o estudo de Klein e colaboradores (2006), quando tarefas arriscadas podem apresentar resultados críticos, com frequentes mudanças na composição da equipe, combinadas à necessidade de treinar novos integrantes, cabe ressaltar que o exercício da liderança compartilhada pela delegação dinâmica aumenta a habilidade da equipe em desempenhar tarefas complexas com alta confiabilidade, de forma simultânea treinando os novos membros. A delegação dinâmica neste caso é possível, assumindo como pressuposto a existência de uma estrutura organizacional composta por rotinas, tradições e valores, e uma liderança estratégica formada por especialistas.

A FUNÇÃO DA CONFIANÇA NAS ORGANIZAÇÕES

Max Weber já havia afirmado as vantagens da regularidade das burocracias na execução da autoridade, como estruturas eficientes para coordenar e sustentar sistemas coletivos de produção por meio da expansão da racionalidade, em detrimento das relações personalistas dependentes exclusivamente da influência de indivíduos.[18] A existência de confiança nas relações burocráticas da organização expande seu potencial em produzir relações cooperativas e eficiência administrativa, por meio da ampliação do campo de controle gerencial. Confiança pode ser mais bem-compreendida como um mecanismo de coordenação informal complementar ao sistema de autoridade formal. Quando presente nas relações interpessoais entre agentes corporativos, possui a função de reduzir e harmonizar conflitos de interesses.

Um estilo de gestão baseado em confiança é o resultado da combinação de elementos formais e informais que definem o sistema de recompensa, reconhecimento e mérito. Ou seja, definem as "regras do jogo" e influenciam a criação e o desenvolvimento das relações de confiança. Elementos formais como políticas e planos de gestão, códigos de conduta e planos de remuneração e incentivos adotados pela empresa, junto aos demais elementos informais da cultura corporativa, são fundamentais para se estabelecer incentivos e comprometimentos entre os agentes corporativos, que interferem nos níveis de confiança e comprometimento dentro da empresa. Definições em nível estratégico sobre a alocação de comando e recursos dentro da empresa influenciam processos de tomada de decisões e elegem uma hierarquia de valores e práticas de gestão. Por fim, tais práticas determinam as relações interpessoais entre os agentes corporativos, revelando muito do ativo intangível que pode ser construído.

O sistema de interações estabelecido por meio das normas e regras da cultura corporativa é fundamental para a criação de um ambiente favorável às trocas com base em confiança. Num ciclo virtuoso, a confiança gerada por meio da gestão da cultura corporativa deve assegurar a continuidade da cooperação espontânea entre os membros da organização, visando a eficiência organizacional.

A eficiência organizacional poderá ser fortemente influenciada pela confiança que os colaboradores investem na liderança, refletida igualmente pelos níveis de motivação e comprometimento. A presença da confiança faz com que as intenções dos gestores corporativos possam ser melhor acolhidas e implementadas pelos níveis subordinados, podendo gerar resultados superiores. Além disso, vale observar que a adoção deste modelo de gestão geralmente vai além dos limites de uma organização, atingindo todos os demais *stakeholders*.

Tarefas relevantes podem não ser realizadas de modo eficiente sem o investimento voluntário dos melhores esforços das pessoas, se estas não confiarem umas nas outras. O receio de ações oportunistas pode inibir a confiança, impedindo que melhores resultados sejam alcançados, porque as pessoas relutam em confiar. Portanto, a relevância da confiança está relacionada diretamente à redução da percepção de risco. Esta relação faz com que possamos observar alguns ganhos de eficiência em vários níveis da organização. Para ilustrar essa afirmação, vamos observar algumas funções críticas da confiança interpessoal dentro das organizações em três abordagens: 1) os efeitos da presença da confiança nas estruturas organizacionais; 2) a relevância da confiança como elemento motivador para a promoção do alinhamento dos objetivos individuais e organizacionais; e 3) a relação de confiança com os processos de compartilhamento de informações e transferência do conhecimento.

1) CONFIANÇA NAS ESTRUTURAS ORGANIZACIONAIS

Uma vez compreendido que as estruturas internas das empresas são hierárquicas e burocráticas, confiança se torna um mecanismo de coordenação informal promovendo maior flexibilidade e descentralização devido à expansão do campo de controle informal, a redução do controle formal hierárquico e o aumento das possibilidades de produção de resultados por meio de burocracias. O modelo abaixo (figura 15) ilustra a necessidade de relações de confiança em processos de mudança que solicitam a reorganização das estruturas funcionais, quando estas se dirigirem para formas mais descentralizadas e flexíveis.

Figura 15 – Confiança no processo de reorganização

```
┌─────────────┐   Processo de reorganização   ┌─────────────┐
│   Formas    │                                │   Formas    │
│organizacionais├──────────────────────────────▶│organizacionais│
│estabelecidas e│                                │descentralizadas,│
│   estáveis   │                                │  horizontais,  │
└─────────────┘                                │virtuais, flexíveis e│
                                                │ autogerenciadas │
            ┌──────────────────┐                └─────────────┘
            │ Confiança existente │
            └──────────────────┘

                                      ┌──────────────────┐
                                      │ Confiança necessária │
                                      └──────────────────┘
```

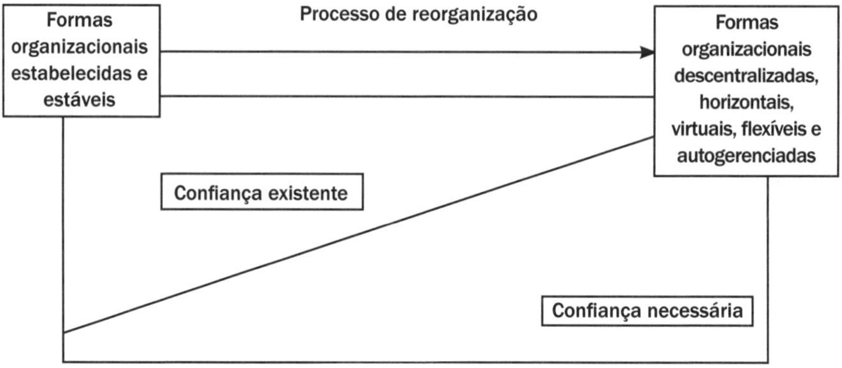

Fonte: Beckert *et al.* (1998)

Nestes processos, a confiança existente nas relações interpessoais torna-se um ativo intangível relevante. A necessidade de confiança no decorrer do processo de reorganização tende a ser crescente para assegurar a redução de riscos de perda de eficiência em sinergias, conhecimentos tácitos e produtividade. Isso porque o processo de reorganização promove o aumento do nível de incertezas, alterando não apenas as rotinas e processos tradicionais, mas as formas de coordenação informal. Isso se deve ao fato de muito do conhecimento gerado ao longo do tempo em uma organização ser tácito e informal e assegurar a coordenação eficiente de uma grande parte das tarefas organizacionais.

A confiança assume um valor crescente uma vez que assegura informalmente as expectativas de benefícios mútuos no futuro, mesmo na ausência de contratos formais que possam conferir segurança. Um ambiente de confiança, portanto, é uma vantagem para as organizações em processos de mudança e flexibilização, tornando-se crítica, por exemplo, para as empresas com expectativa de rápido crescimento, em processos de fusão e aquisições e em processos de sucessão. Quanto maior for a expectativa de mudança das condições contratadas, mais as empresas são dependentes de contratos informais para lidar com as imprevisibilidades.

Estudos sobre a formação de equipes virtuais de trabalho demonstraram que, devido à falta de interação física com suas propriedades verbais e não verbais, e da sinergia que acompanha a comunicação face a face, equipes virtuais apresentam problemas de desempenho por conta da substituição dos sistemas tradicionais de interação social e controle vertical, pelo autocontrole e autogestão. O resultado é que essas equipes apresentam menores níveis de confiança entre seus membros além de menor desempenho.[19]

Os processos de descentralização das estruturas organizacionais concedem maior autonomia ao corpo gerencial para a tomada de decisões, como delegação de autoridade e acesso a recursos. É aqui que a confiança se torna um elemento central na função de empoderamento (*empowerment*). Podemos entender melhor esta função observando duas tarefas fundamentais para o funcionamento das organizações, estritamente inter-relacionadas: coordenação e motivação.[20] Os custos de transação são resultados dessas tarefas. Enquanto a coordenação deve se encarregar de criar e especificar regras (formais e informais) que estruturem as ações individuais e coletivas, como insumos, definindo direitos e deveres, a tarefa de motivação encarrega-se de criar incentivos que possam motivar os indivíduos a se comportarem de acordo com regras definidas. Enquanto a função da *informação* se refere à coordenação, as funções da *remuneração* e *recompensa, controle* e *coerção* referem-se aos aspectos de motivação. Diferentes formas e estruturas organizacionais que combinem esses elementos de maneira eficiente podem representar outros modos de solucionar os problemas de coordenação e motivação. A confiança que pode ser gerada dentro das empresas cobre dois aspectos da organização: por um lado, age como uma fonte de informações sobre o comportamento de parceiros de interação (coordenação), reduzindo incertezas, e, por outro, atua como fonte de benefícios sociais gerando motivação para a realização das tarefas organizacionais.

Observando essas duas tarefas, coordenação e motivação, podemos fazer uma distinção entre a confiança com base em *competências* (coordenação) e a confiança com base em interações interpessoais (motivação), ou confiança com base em *caráter*, relacionando-as respectivamente às situações de risco pautadas em competência, quando aptidões individuais são necessárias, e àquelas relacionadas a um comportamento de risco, quando a confiança pautada em relacionamento interpessoal é necessária.

Esta análise se torna interessante para avaliarmos a função de empoderamento dos indivíduos dentro das empresas. Empoderamento significa passar autoridade e responsabilidade aos subordinados. Isso ocorre quando o poder é dado aos empregados e eles passam a experimentar um senso de propriedade e controle sobre o seu trabalho. Para que o empoderamento ocorra, são necessários dois tipos de investimento de confiança: 1) confiança nas competências individuais para a alocação de recursos; e 2) confiança interpessoal para a atribuição de responsabilidades para o uso eficiente destes recursos (figura 16).

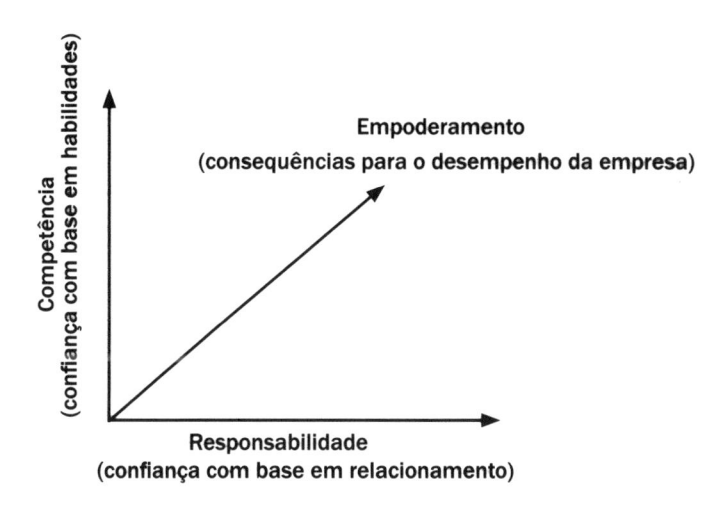

Figura 16 – Relevância da confiança para a função
de empoderamento

```
Competência
(confiança com base em habilidades)

                    Empoderamento
          (consequências para o desempenho da empresa)

                Responsabilidade
          (confiança com base em relacionamento)
```

Quanto mais relevantes forem as tarefas envolvendo os recursos de uma empresa, na forma de informações confidenciais e comando, mais necessário será confiar nas competências individuais e atribuir responsabilidades às pessoas. Assim, o nível de empoderamento estará relacionado às consequências mais ou menos significativas que as funções "confiadas" podem representar para o desempenho global de uma empresa. A função que é "confiada" a uma pessoa envolve certo grau de confiança em sua competência e também certo grau de confiança pessoal relativa ao risco comportamental. Ao final, parece ficar claro que a flexibilidade organizacional somente pode ser alcançada por meio da função de empoderamento, ou seja, conferindo autonomia aos indivíduos que tenham sido identificados pela empresa com competência e responsabilidade para assumirem processos de tomada de decisões em níveis superiores.

2) ALINHAMENTO DE OBJETIVOS INDIVIDUAIS E ORGANIZACIONAIS

Ouchi (1980) argumenta que as burocracias podem apresentar falhas quando se diminui a capacidade de mensuração de desempenho, ou quando esta se torna relativamente ambígua. O autor esclarece que organizações burocráticas operam fundamentalmente por meio de monitoração, avaliação e comando. Nesses sistemas, os gerentes possuem padrões pelos quais comparam comportamentos ou resultados de forma a exercer o controle. Esses padrões indicam apenas o valor dos resultados e são objetos de interpretações idiossincráticas. Nesses casos, os indivíduos perceberão estes padrões como "justos" se identificarem certa precisão nas informações usadas para os julgamentos de desempenho. Em uma relação de trabalho cada contratado depende de seu empregador para a distribuição de recompensas de maneira justa. Se os empregados não confiam em seus chefes, eles demandarão proteções contratuais, como representações sindicais, o que pode aumentar substancialmente os custos de transação entre empregado-empregador. Assim, quando as tarefas organizacionais tornam-se únicas e específicas, completamente integradas (alta interdependência) ou muito ambíguas, os mecanismos formais tradicionais podem falhar porque se torna impossível avaliar externamente o valor adicionado por qualquer indivíduo. Neste sentido, qualquer padrão de mensuração de desempenho que seja utilizado será, por definição, arbitrário, percebido como injusto ou inadequado. Nestas situações de ambiguidade, a única forma de mediação é a coordenação de tarefas por meio da confiança em busca de consenso nas relações entre níveis hierárquicos superiores e subordinados. Uma cultura organizacional que sustente relacionamentos com base na confiança torna-se um instrumento gerencial ainda mais crítico e desejável, pois as organizações que buscam uma gestão a partir de mecanismos sociais mostram-se mais eficientes para a redução de diferenças entre objetivos individuais e organizacionais, produzindo um forte sentido comunitário.

Incentivos monetários são certamente soluções eficientes para os problemas de motivação e estes têm sido largamente usados pelos gestores. O aumento dos benefícios e recompensas por resultados pode motivar os funcionários a trabalharem com maior dedicação e a serem mais eficientes, fazendo com que cooperem razoavelmente uns com os outros. No entanto, em muitas circunstâncias, o foco excessivo em recompensas monetárias pode ser ineficiente porque não reduz completamente os problemas de oportunismo. Além disso, as pessoas não são apenas motivadas por dinheiro. Elas podem possuir diferentes preferências e motivações pessoais. A presença de confiança pode preencher algumas necessidades sociopsicológicas que emanam do indivíduo e que conferem satisfação imediata relacionada à execução das tarefas.[21] Em outras palavras, tal motivação implica que os indivíduos identificam certa utilidade quando realizam determinadas tarefas que lhes são atribuídas, não relacionadas apenas às recompensas monetárias. Assim, relações de confiança podem contribuir como elemento de motivação dentro de sistemas sociais, reforçando positivamente a motivação geral, principalmente na busca de soluções dos problemas de adaptação interna às circunstâncias externas imprevisíveis. Como afirmou o economista Oliver Williamson (1985), relações idiossincráticas envolvendo confiança pessoal sobreviverão à situação de maior estresse e apresentarão maior capacidade de adaptação.

Sob certas condições, tal motivação intrínseca à tarefa e ao contexto social em que ela ocorre é preferível às motivações extrínsecas, como incentivos financeiros. Segundo Osterloh e Frey (2000), estas condições são:

1) quando tarefas requerem criatividade, velocidade de aprendizado e entendimento conceitual;

2) problemas envolvendo múltiplas tarefas quando os contratos formais não conseguem especificar todos os aspectos relevantes do comportamento do funcionário e o resultado desejado;

3) em situações de transferência de conhecimento tácito.

Assim, existem vantagens e desvantagens para o emprego dessas formas distintas de motivação. Por um lado, a motivação intrínseca é mais difícil de ser mudada e seu resultado mais incerto do que apostar em outros mecanismos de motivações extrínsecas. Por outro, vale observar que a motivação não se constitui em um objetivo em si mesmo, mas deve servir ao propósito dos objetivos organizacionais. Isso significa que o uso de mecanismos que possam conferir satisfação imediata não contribui necessariamente para o alcance permanente desses objetivos.

3) COMPARTILHAMENTO DE INFORMAÇÕES E TRANSFERÊNCIA DO CONHECIMENTO

Em muitas empresas contemporâneas, a importância da participação voluntária dos indivíduos tem crescido significativamente em relevância porque as tarefas organizacionais têm sido dirigidas de forma crescente pela inovação, criatividade e cooperação em equipe, e, em muitos casos, isso determina uma competência organizacional distinta como vantagem competitiva. Ou seja, a vantagem competitiva das empresas tem se fundamentado em tarefas informais que necessitam de um alto grau de compartilhamento de informações sensíveis, na forma de conhecimento tácito, e nos processos de transferência do conhecimento por meio da cooperação de especialistas comprometidos mutuamente, de forma a gerar resultados. Esta perspectiva nos oferece um melhor entendimento da relevância das relações de confiança como eixo fundamental para a construção do *capital social* da empresa.

A partir das observações acima, parece ficar claro que confiança é altamente desejável para as tarefas de compartilhamento de informações e para os processos de transferência do conhecimento, principalmente o conhecimento tácito. Quanto mais a transferência do conhecimento torna-se importante no processo produtivo, mais importante torna-se a confiança como um ativo intangível para a gestão do conhecimento e da inteligência competitiva. Uma vez que a presença de confiança reduz a incerteza relativa ao comportamento dos parceiros de transação, ela promove a soma de inteligências aumentando a predisposição dos parceiros em compartilhar informações e explorar arranjos de benefício mútuo. À medida que os níveis de confiança são reduzidos, as pessoas diminuem sua disposição em assumir riscos e passam a demandar maiores proteções institucionais contra a probabilidade de perdas e danos.

Se os parceiros de interação dentro de uma empresa podem confiar uns nos outros, eles não tenderão a agir de forma oportunista. Haverá maior propensão a contribuir e compartilhar informações relevantes relacionadas, por exemplo, à criação e ao desenvolvimento de produtos e processos de inovação. Nestes casos, quando os indivíduos trabalham no desenvolvimento de sistemas e produtos, que costuma ser um trabalho em equipe, a confiança passa a ser um elemento central. Se as pessoas não puderem confiar umas nas outras, elas não compartilharão suas melhores ideias e, portanto, não oferecerão suas melhores contribuições. Isso porque, sob ameaças de perda e prejuízos, o ambiente corporativo sinaliza a não adoção de uma estratégia de reciprocidade. Do contrário, havendo uma atmosfera de confiança em que as pessoas se sentem "protegidas" quando interagem, haverá sempre uma propensão maior para o surgimento de diferentes formas de cooperação espontânea, formação de um sentido comunitário e comprometimento entre os membros das equipes de trabalho. Assim, confiança passa a reforçar os laços sociais entre as pessoas, funcionando como um elemento motivacional que fortalece os canais informais de disponibilidade de informações dentro da organização.

Confiança e confiabilidade

Estudos sobre as relações de confiança nas organizações podem apresentar diferentes dimensões a serem consideradas. Podemos destacar, em especial, duas perspectivas correlacionadas:

1. *Confiança interpessoal nas organizações* – esta dimensão é fruto das interações entre seres humanos. Nesta perspectiva, deve sempre existir a ideia do risco comportamental, quando indivíduos colocam-se voluntariamente vulneráveis numa relação com outro indivíduo ou grupo de indivíduos. Duas classificações são comumente utilizadas para essa dimensão:

- confiança intraorganizacional – consiste nas relações de confiança desenvolvidas dentro de uma organização, considerando suas relações verticais (superior e subordinado) e horizontais (entre pares);
- confiança interorganizacional – consiste nas relações de confiança desenvolvidas entre os membros de uma empresa com outra(s) empresa(s) ou entre grupos de empresas (*clusters*), ou ainda entre os membros de uma empresa e seus diversos *stakeholders* e/ou grupos de interação.

2. *Confiabilidade na organização* – confiança e confiabilidade são objetos distintos. Enquanto a confiança está relacionada ao risco comportamental que existe numa ação concreta entre pessoas que interagem num determinado contexto, a confiabilidade se constitui e permanece como uma expectativa de desempenho de alguém ou alguma coisa (máquina ou sistema). A confiabilidade, portanto, não se realiza como ação de confiança e se limita a uma expectativa de que alguém ou algum equipamento desempenhará sua função de acordo com o esperado. Quando nos referimos à confiança geral nas organizações, na verdade trata-se da confiabilidade percebida nas organizações pelos diferentes grupos de *stakeholders*. Portanto, não é uma relação de confiança propriamente, porque esta relação não se caracteriza pela interação de risco entre agentes, mas na percepção da confiabilidade do sistema-organização.

A dimensão da confiabilidade nas organizações é construída coletivamente em diferentes níveis, por grupos sociais (públicos) distintos, basicamente de acordo com:

- a percepção dos indivíduos que pertencem a diferentes públicos que interagem com a organização;
- a qualidade da informação que as pessoas recebem (que pode estar relacionada com o seu grau de envolvimento com a organização);
- a confiabilidade do emissor da informação percebida pelos indivíduos de um determinado grupo.

A confiabilidade tem sido muito abordada desde os escândalos empresariais ocorridos após as denúncias de fraudes contábeis e fiscais, como caso Enron (2001), gigante norte-americana do setor de energia, que pediu concordata, e o caso WorldCom (2001), segunda maior operadora de longa distância dos Estados Unidos. Estes foram sucedidos por outros casos de mesma natureza e pela crise do *Subprime* iniciada em 2006, que culminou em uma crise geral de confiança nas organizações do sistema financeiro em 2008. Mais recentemente, no Brasil, o tema ganhou evidência com a crise do grupo EBX (2014), pela volatilidade de seus ativos, e a crise da Petrobras (2015), pelos escândalos de corrupção envolvendo a alta administração e outros níveis gerenciais da empresa.

Em parte, a confiabilidade percebida na organização pelos diversos públicos com os quais interage é de competência da própria organização. Em geral, as organizações possuem certo grau de influência sobre essas percepções. Algumas das informações que influenciam a credibilidade da organização são, por exemplo, a publicação de seu balanço patrimonial e social, sua comunicação aberta aos diversos públicos, a qualidade de seus produtos e serviços, o zelo com que trata de questões de interesse de diferentes públicos e a qualidade do vínculo que estabelece com os mesmos, para citar algumas. Sobre outras informações, emitidas por fontes diferentes, como as mídias e os meios de comunicação de massa, redes virtuais e outras entidades como associações, ONGs e sindicatos, a organização geralmente possui um grau de influência mais restrito. Esses dados influenciam os diversos públicos que interagem com a organização e criam a percepção de certo grau de confiabilidade da empresa.

5 | Confiança e desempenho

As relações econômicas tornam-se mescladas num contexto social mais amplo, o que gera expectativas sobre a confiança e a confiabilidade de agentes e das organizações. Em sociedades em que os atores econômicos desenvolvem regras de convívio e cooperação com base na confiança e reciprocidade, formam-se cadeias de relações sociais que permitem transmitir e disseminar a confiança, num ciclo virtuoso, favorecendo as transações econômicas.[22] A qualidade das relações sociais representa, portanto, um elemento facilitador para a sedimentação da confiança, ao mesmo tempo em que passa a desencorajar comportamentos oportunistas; a maior intensificação de um reduz as probabilidades de ocorrência do outro.

Neste sentido, quando uma cultura promove relações cooperativas a partir da confiança e reciprocidade, há a tendência para a redução dos custos de transação e a melhoria do desempenho organizacional. Este tem sido o argumento central de alguns estudiosos, como o economista Mark Casson e o sociólogo Francis Fukuyama.[23] Ambos afirmam que o desempenho econômico depende dos custos de transação, e que estes, por sua vez, refletem o nível de confiança de uma economia. Já os níveis de confiança, que geram a cooperação espontânea, dependem da cultura de uma sociedade. Uma cultura consistente e efetiva possui um forte teor moral que pode solucionar uma série de problemas que os procedimentos formais, com a monitoração e a obediência a contratos, não conseguem. Portanto, uma cultura que estimula a confiança recíproca entre os agentes tende a reduzir os custos de transação dentro dos sistemas produtivos e melhorar o desempenho econômico. Consequentemente, o sucesso de uma economia está relacionado à eficiência de sua cultura.[24] Neste sentido, as relações econômicas não podem ser compreendidas fora de seu contexto social mais amplo, e torna-se fundamental para os estudos sobre a eficiência em gestão o melhor entendimento da construção dos ativos intangíveis que estão associados a uma determinada cultura.

A confiança é um elemento intrínseco a qualquer relação humana. Desde muito cedo adotamos regras de convívio que orientam comportamentos. Derivadas das instituições família, escola e trabalho, essas normas estabelecem um acordo social entre os indivíduos que interagem. Tais instituições são formadas por valores e regras que organizam e dirigem a ação coletiva evoluindo com o tempo, influenciadas por movimentos sociais, mudanças tecnológicas e descobertas científicas, gerando nova hierarquia de valores e estabelecendo regras que renovam o pacto social. Ao interagirem, os membros de uma sociedade passam a adotar regras de convívio a partir da reciprocidade. Assim, valores e regras adotadas por determinados grupos representam as precondições para a cooperação.

A cooperação entre as pessoas é maior quando elas aprendem a confiar umas nas outras. Os arranjos produtivos e a economia como um todo dependem desses acordos sociais. As transações econômicas ocorrem com mais facilidade e menos custo em ambientes de maior confiança, dispensando salvaguardas e garantias formais. Quanto maior a confiança entre os membros de uma sociedade, maior a propensão à cooperação espontânea, elemento essencial para a coesão social e produção de riqueza.[25] Pessoas em uma determinada sociedade que não se conhecem confiam umas nas outras dependendo de como avaliam a capacidade recíproca de os outros agirem de acordo com regras sociais que podem incentivar a solidariedade e a reciprocidade.

Apesar de muitos estudiosos assumirem que a presença da confiança reduz custos de transação, melhora os níveis de cooperação espontânea e, portanto, aumenta a eficiência organizacional, a análise das variáveis institucionais e organizacionais são necessárias para uma compreensão melhor da relação entre confiança e desempenho organizacional. A confiança possui um efeito mais moderador do que uma relação direta e positiva[26] na execução de diversas tarefas organizacionais que impactam o desempenho de uma organização. Por exemplo, a confiança é observada como elemento mediador para a percepção coletiva de justiça, satisfação do trabalho e intenções de *turnover*.[27] Esses estudos têm relacionado os efeitos positivos de confiança, por exemplo, nas relações entre líderes e liderados,[28] em processos de transferência do conhecimento,[29] para fortalecer o comprometimento dos empregados[30] e para aumentar a eficiência e a produtividade organizacional.[31]

Dirks e Ferrin (2001) apresentam um levantamento de 43 trabalhos empíricos realizados sobre a influência de confiança nas atitudes e comportamentos de indivíduos dentro das empresas, com o objetivo de compreender os benefícios gerais da confiança para os indivíduos e para as suas organizações. Apesar de alguns trabalhos analisados pelos autores relacionarem diretamente confiança ao desempenho da empresa, o que podemos observar é que confiança é mais fortemente relacionada a algumas tarefas internas que conferem eficiência organizacional, portanto, um elemento de efeito mediador para o desempenho organizacional. Segundo a análise desses autores, espera-se que altos níveis de confiança resultem em atitudes mais positivas, maiores níveis de cooperação, níveis superiores de desempenho e outras formas positivas de comportamento. Esses estudos confirmam que confiança é a base para uma série de tarefas que solicitam a aplicação de mecanismos mais consensuais e cooperativos. Por exemplo, um grande número de tarefas organizacionais analisadas é pertinente às relações interpessoais entre superiores e subordinados, o que sugere uma forte correspondência entre as relações de confiança e a eficiência das relações hierárquicas da empresa. A listagem a seguir apresenta algumas das relações positivas entre confiança e as variáveis presentes no estudo.

A confiança está positivamente relacionada a:

- maior satisfação e comprometimento dos empregados;
- melhor comunicação entre superior e subordinado;
- melhoria da qualidade da informação enviada aos superiores;
- aceitação e delegação de autoridade;
- exercício de liderança;
- percepção de justiça nos julgamentos;
- construção da cidadania corporativa;
- menor competição interna em negociações e menos conflito;
- legitimidade das intenções de mudança organizacional;
- melhor desempenho individual;
- melhor desempenho em equipes de trabalho.

No entanto, níveis superiores de confiança não determinam necessariamente um desempenho superior. Trata-se de uma variável necessária, porém insuficiente, para explicar o desempenho organizacional. Empresas que demonstram baixos níveis de confiança não apresentam necessariamente um baixo desempenho organizacional. É importante que a análise da relação entre os níveis de confiança e o desempenho organizacional leve em consideração o contexto específico em que as transações ocorrem para que mecanismos alternativos de gestão possam ser considerados numa análise econômica.[32]

A adoção de um estilo de gestão com base na confiança possui custos inerentes ao estabelecimento de um contexto organizacional onde sejam criados e mantidos alguns elementos antecedentes e fundamentais para a construção de relacionamentos baseados em confiança. Por exemplo, Langfred (2004) estudou a relação entre confiança, monitoração e autonomia individual em equipes autogerenciadas e concluiu que níveis de confiança excessivos podem se tornar prejudiciais para a eficiência das equipes. Langfred aponta que, sob alta autonomia individual e altos níveis de confiança, a confiança em equipes autogerenciadas se torna ineficiente, pois seus membros se mostram relutantes em monitorar uns aos outros.

A confiança traz em si uma noção de risco comportamental associado, o que na perspectiva econômica significa custos associados.[33] O desenvolvimento da confiança consome tempo e requer investimentos específicos para a sua emergência e manutenção dentro de uma empresa. Para que uma empresa adote um estilo de gestão com base em confiança, será necessária a manutenção de incentivos, tais como normas de comportamento, conduta e punição, transparência organizacional, clareza na comunicação corporativa, além de necessitar de consecutivos investimentos na manutenção da estabilidade das condições e perspectivas de continuidade dos contratos de trabalho. A percepção coletiva de justiça nos procedimentos, na mensuração e na distribuição dos resultados torna-se igualmente fator crítico para a gestão dos níveis de confiança. Há ainda um conjunto de variáveis que nos oferece uma melhor avaliação desses ambientes e da gestão dos bens intangíveis: a qualidade da comunicação interna, a percepção de integridade, consistência e a preocupação com os empregados, além da delegação e compartilhamento da autoridade.[34]

O grande benefício de espaços de trabalho com uma atmosfera de "alta confiança" é permitir que indivíduos possam realizar transações sem a necessidade de se precaverem contra eventuais comportamentos oportunistas, aceitando assim maiores riscos. Em atmosferas de "baixa confiança", as pessoas são mais receosas de realizar investimentos de confiança umas nas outras porque percebem baixos níveis de motivação nos parceiros de interatividade em adotar estratégias de reciprocidade e maior a probabilidade de assumir prejuízos pessoais nas transações. No entanto, devemos observar que, em contextos organizacionais específicos, pode ser possível que o fomento à competição interna entre membros da empresa seja mais eficiente e produza melhores resultados. Lazear (1998) observa que, quando a eficiência das unidades de negócios está relacionada a um tipo de estratégia que incentiva a concorrência interna, este processo permite a seleção natural de indivíduos e poderá privilegiar os esforços individuais em detrimento dos esforços coletivos.

Em alguns casos, é possível que o resultado da soma da ação isolada de cada agente, e não o resultado das interações entre eles, possa ser mais eficiente para se alcançar determinados objetivos, ainda que sob um contexto de baixa confiança. Nestes casos, o sistema de remuneração vai privilegiar e premiar os esforços individuais e provavelmente um estilo de gestão que estimule mais a disputa entre os agentes em detrimento do desenvolvimento das relações de confiança. Por outro lado, quando se estimula a competição interna, torna-se extremamente difícil contar com os benefícios de mecanismos sociais de gestão.

Em situações em que os resultados são relativamente fáceis de ser mensurados e que as tarefas possuem baixa complexidade e não necessitam de habilidades de criatividade, velocidade de aprendizado, entendimento conceitual, ou ainda da transferência crítica do conhecimento, a aplicação de mecanismos formais como incentivos pode ser mais eficiente.[35] Em contrapartida, este não parece ser o caso quando sistemas produtivos necessitam do compartilhamento de informação sensível de forma a contribuir para a execução de tarefas especializadas e de alta complexidade, e ganhos através da interatividade do grupo de trabalho.[36] Quando tarefas organizacionais estão baseadas na inovação, criação e desenvolvimento de produtos, os melhores resultados poderão ser alcançados com a intensa troca de experiências entre as pessoas.[37]

Quando as métricas de desempenho tornam-se por demais ambíguas, podemos compreender outro ponto da relação entre confiança e desempenho. Onde mecanismos burocráticos tradicionais baseados em controle formal podem falhar, porque se torna impossível avaliar externamente o valor adicionado por cada membro da equipe, então o uso da confiança é mais recomendável. Alguns estudiosos observam que o intenso uso de mecanismos formais de controle, como monitoramento, aumenta a probabilidade de oportunismo.[38] Ou seja, a ênfase demasiada em garantias explícitas pode prejudicar consideravelmente o desenvolvimento de relações de confiança.

A quebra das relações de confiança pode trazer prejuízos, porque na presença de confiança não são necessárias despesas adicionais com garantias legais. Quando há níveis de confiança, a exigência de monitoração formal e controle, e seus custos associados, são reduzidos. Além disso, o uso intensivo de mecanismos formais envolve não somente investimentos em controle, mas também uma perda considerável da motivação dos indivíduos para se comprometerem com o atendimento dos objetivos organizacionais.

A possibilidade de monitorar as ações dos indivíduos é um fator crucial para a decisão entre mecanismos formais de controle ou confiança.[39] À medida que as tarefas organizacionais se tornam mais complexas, incertas, ambíguas ou interdependentes, aumenta-se a necessidade da confiança entre os agentes de interação. Neste sentido, a eficiência na execução das tarefas organizacionais dessa natureza depende em grande parte da confiança existente entre os agentes de interação (por exemplo, na relação entre gerentes e subordinados, parceiros, colegas de trabalho ou entre agentes em equipes multifuncionais). Quando o bem a ser produzido solicita a participação e contribuição de vários especialistas, torna-se mais difícil mensurar a contribuição individual de cada agente. Se a avaliação individual se torna muito ambígua, ela dependerá da confiança que os agentes de interação possuem em seus avaliadores ou no sistema de avaliação.

Finalmente, é importante observar a relação entre as variáveis institucionais, os níveis de confiança e o desempenho organizacional.[40] Em 2007, publicamos o primeiro estudo realizado no Brasil avaliando os níveis de incertezas institucionais, os níveis de confiança dentro das empresas e outras variáveis organizacionais.[41] Confiança foi mensurada em três dimensões: confiança no superior, em um colega de trabalho e na equipe de trabalho. O estudo observou que altos níveis de confiança podem ser encontrados em indústrias mais tradicionais, como metalúrgica e mineração, que apresentavam demandas relativamente estáveis, manifestadas por contratos de longo prazo com seus clientes, e baixos níveis de rotatividade de empregados. Essas empresas apresentavam relativamente níveis menores de incerteza ambiental. Nessas instituições os colaboradores demonstravam ainda altos níveis de comprometimento e satisfação, e traziam relacionamentos de longo prazo com suas empresas. Em média, permaneciam 12 anos ou mais na mesma empresa. Apresentavam altos níveis de confiança em seus superiores, seus colegas e suas equipes de trabalho. Por outro lado, as novas empresas da indústria das tecnologias de informação e comunicação que apresentam altos níveis de incerteza ambiental, indicam níveis mais baixos de confiança, maior rotatividade de empregados e menor comprometimento dos mesmos com a empresa (figura 17).

Figura 17 – Influência da incerteza ambiental na confiança e nos fatores organizacionais

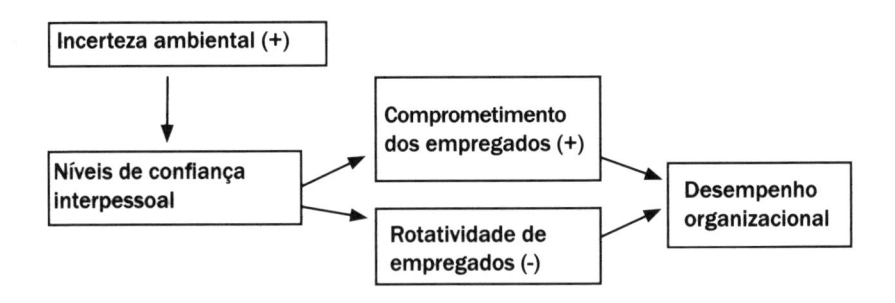

```
Incerteza ambiental (+)
         │
         ▼
Níveis de confiança  ──►  Comprometimento         ──►  Desempenho
interpessoal              dos empregados (+)            organizacional
                     ──►  Rotatividade de         ──►
                          empregados (-)
```

Esses resultados encontram-se alinhados com estudos anteriores, que observam que a excessiva rotatividade de empregados enfraquece a cultura corporativa, uma vez que os recém-chegados não possuem a mesma informação dos mais antigos.[42] Estudos no tema mostram que a rotatividade de empregados (além do nível considerado "saudável") carrega uma forte relação negativa com a satisfação no trabalho, com as tarefas, com a remuneração, com a liderança e com o comprometimento organizacional.[43]

Para avaliarmos como a confiança pode se tornar um ativo intangível relevante e um fator distintivo no desempenho das organizações, propomos o modelo analítico a seguir (figura 18). O modelo foi desenvolvido tendo como base nossos estudos anteriores[44] e argumenta que duas variáveis devem ser observadas em especial: 1) o nível de incerteza ambiental; e 2) a natureza das tarefas da organização.

Figura 18 – Influência da incerteza na
confiança e no desempenho organizacional

```
┌─────────────────┐
│  Incerteza do   │
│ ambiente externo│
└────────┬────────┘
         ▼
┌ ─ ─ ─ ─ ─ ─ ─ ─ ─ ─ ─ ┐
  Níveis de confiança interpessoal
└ ─ ─ ─ ─ ─ ─ ─ ─ ─ ─ ─ ┘
         │
         ▼
┌─────────────────────┐
│ Tarefas da organização │
└──────────┬──────────┘
           ▼
┌─────────────────┐
│   Desempenho    │
│  organizacional │
└─────────────────┘
   Ambiente organizacional
```

O primeiro fator a ser observado é o ambiente institucional relativo ao setor específico em que a empresa opera. Cada ambiente empresarial possui um determinado grau de incerteza, gerado pelo ambiente externo, e que pode ser caracterizado principalmente por três fatores: 1) a intensidade da concorrência (alta e baixa), que influencia e gera a necessidade da velocidade em apresentar respostas ao mercado; 2) a estabilidade da demanda e da tecnologia (alta e baixa), que tem impacto na frequência da reorganização interna e a necessidade de adaptação, bem como gera novas demandas por tecnologias de produção e *design* de novos produtos; 3) a capacidade de inovação que afeta diretamente a natureza dos contratos da empresa (por exemplo, se eles são contratos de curto, médio ou longo prazo). Estas variáveis indicam o grau de incerteza institucional e interferem na taxa de mudança e na necessidade da empresa para se adaptar a novas demandas do mercado.[45] Também indicam o nível necessário de flexibilidade organizacional e a taxa de reposição e reorganização dos recursos da empresa, incluindo os recursos humanos. Consequentemente, a incerteza institucional afeta o comportamento dos indivíduos dentro da empresa, alterando suas expectativas futuras e impactando as estratégias pessoais, podendo também mudar a predisposição das pessoas a confiarem umas nas outras.

6 | Confiança e moralidade

Alguns estudiosos identificam a relação entre o desenvolvimento das relações de confiança, valores morais e desempenho econômico.[46] Afirmam que culturas distintas estabelecem diversos padrões de valor moral e podem fortalecer ou enfraquecer as relações de confiança, influenciando significativamente os custos de transação e, por consequência, o desempenho econômico. Portanto, podemos considerar que as relações de confiança revelam duas faces distintas da gestão de uma empresa: o aumento da eficiência das transações e o teor moral de sua cultura corporativa.

Dentro das empresas, a capacidade das relações de confiança entre os indivíduos para promover a convergência de interesses e a cooperação espontânea é um indicador da eficiência da cultura organizacional. Uma cultura corporativa reflete uma prática moral como guia para a tomada de decisões dentro (e fora) da empresa, ou seja, a maneira como uma empresa elege e hierarquiza seus valores e comportamentos por meio de normas e regras informais (cultivo de hábitos e valores) e formais (códigos de conduta e normas escritas) cria certo condicionamento para a ação humana e gera padrões de comportamento adotados no cotidiano.

Essa prática moral é construída socialmente sobre diversos aspectos, como por exemplo por meio das atitudes e das ações dos altos gestores e da filosofia administrativa, que definem a razão de ser e existir da empresa. São aspectos que determinam pressupostos para o processo de tomada de decisões gerenciais, critério de sucessão, promoção e o entendimento de meritocracia, para citar alguns. Neles estão subentendidos alguns elementos que formam a base para a existência das relações de confiança e que estabelecem certa ordem social, como a percepção de justiça, integridade e consistência na gestão, comunicação aberta, transparência, reciprocidade e a percepção de perspectivas futuras de vantagens e benefícios mútuos. Sobre as decisões gerenciais (que definem as "regras do jogo") se constrói socialmente uma percepção comum de justiça, que reflete a capacidade da empresa em solucionar sistematicamente os conflitos de interesses que porventura possam surgir entre os diversos indivíduos ao longo do tempo.

É comum que entre os membros corporativos dos níveis hierárquicos surjam interesses e necessidades sociopsicológicas divergentes. A eficácia da liderança da empresa para solucionar tais conflitos de interesses constrói uma percepção de justiça. Ao longo do tempo, esta habilidade gerencial marca um estilo de gestão particular que pode ser percebido pelos membros corporativos como sendo mais ou menos justo. Ou seja, eles assumem informações no presente, com base em interações do passado, e formam expectativas de como a empresa agirá diante de situações semelhantes no futuro.

As reputações criadas por meio de interações sequenciais, que envolvem investimentos mútuos de confiança, são construídas sobre um sistema de normas sociais que refletem princípios de justiça e benefícios mútuos e que revelam aos indivíduos a probabilidade de a organização reagir às circunstâncias futuras. Esses princípios guiam comportamentos e expectativas dentro das empresas, fornecendo um considerável condicionamento social, como segurança e proteções contra qualquer tipo de exploração, fortalecendo os laços de confiança mútua. Essa percepção de justiça dentro da empresa influenciará de forma significativa os investimentos de confiança entre os membros de uma organização.

A figura 19 mostra a relação entre a capacidade de solucionar o conflito de interesses e os níveis de confiança como a base para se gerar cooperação espontânea. O nível de cooperação espontânea está relacionado à eficiência do sistema e, ao mesmo tempo, a sua sustentabilidade. A atmosfera de confiança existente dentro da empresa é uma virtude organizacional necessária para o estabelecimento de um clima ético no ambiente de trabalho e representa uma precondição para a longevidade da organização. A confiança que se estabelece entre a alta gestão da empresa e seus subordinados está associada ao sucesso da empresa em solucionar conflitos de interesses e adaptações externas ao longo do tempo. Portanto, as relações de confiança também são variáveis sociais que indicam as precondições para a sustentabilidade e a longevidade da empresa.

Figura 19 – Relações de confiança dentro da cultura organizacional

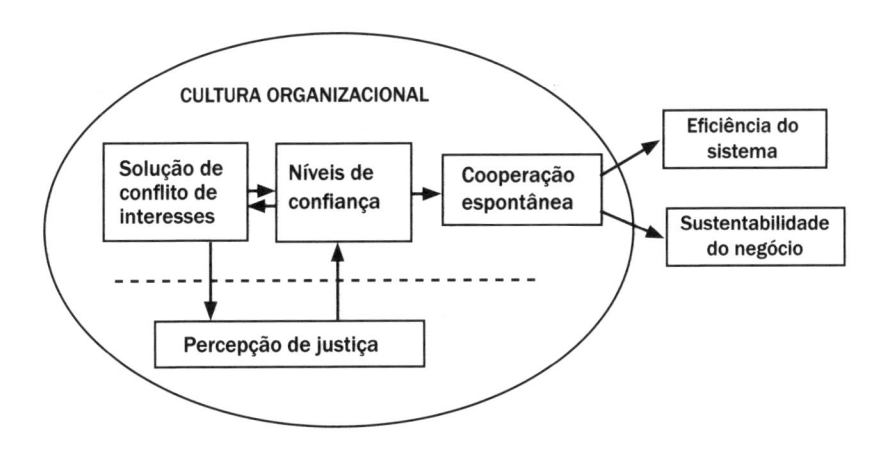

Em uma perspectiva da ética econômica, a moral existente dentro do sistema-empresa – como pressupostos que guiam as decisões práticas – pode ser julgada como ética, ou não, pela sua capacidade em promover a convergência de interesses entre os diversos *stakeholders* que compartilham este sistema. Ou seja, a confiança organizacional surgirá como um ativo intangível na medida em que conflitos de interesses sejam resolvidos e o interesse comum, promovido.

Entendendo a propriedade moral das relações de confiança, Hosmer (1995) sugere que:

> confiança é a expectativa de uma pessoa, grupo ou empresa, do comportamento eticamente justificado – ou seja, decisões e ações moralmente corretas com base em princípios éticos de análise – na parte da pessoa, grupo ou empresa em um empreendimento conjunto ou transação econômica.[47]

Podemos compreender que um comportamento ético justificado consiste em decisões e ações em que os interesses da coletividade prevalecem sobre os interesses e ações individuais ou de uma única parte.

Portanto, do ponto de vista econômico, as relações de confiança são o resultado de uma prática moral existente numa sociedade, justificada pela ética organizacional que privilegie como "bom" e "justo" os interesses da coletividade.[48]

Por outro lado, é importante observar que as relações de confiança, em si, não representam um valor incondicional para as ações éticas, pois podem existir relações de confiança comprometidas com fins morais ou imorais. Muitas sociedades ilegais funcionam por meio de laços de confiança. A máfia é um exemplo tradicional. Sendo assim, confiança não é uma condição suficiente para caracterizar a moralidade nas relações de negócios. No entanto, é uma condição necessária.

As relações de confiança podem surgir independentemente do julgamento moral que se possa fazer sobre as intenções dos objetivos organizacionais, contudo, a confiança é uma solução e um indicador da congruência dos interesses individuais e organizacionais. Tais interesses devem levar em consideração os da sociedade como um todo. Isso quer dizer que não basta levarmos em consideração apenas os interesses daqueles que se beneficiam diretamente do empreendimento, ou seja, os acionistas, gerentes e funcionários, mas devemos assumir que empresas possuem autonomia limitada para se autorregulamentarem. Outras instituições sociais devem criar regimentos, na forma de restrições, para as ações corporativas, de forma a assegurar que os interesses dos demais membros da sociedade, não diretamente beneficiários, estejam igualmente resguardados.

7 | Contexto brasileiro e oportunidades

No Brasil, a gestão das organizações é fortemente influenciada pelos efeitos da nossa cultura e formação institucional que, em sua história, perpetuaram uma profunda desigualdade social e econômica. Notavelmente, a percepção da desigualdade ontológica, entre pessoas de diferentes níveis sociais, influencia a nossa sociedade com relação aos direitos, oportunidades e percepção de justiça e meritocracia, de modo que cria um contexto bastante singular para o desenvolvimento de relações de confiança e para o exercício da liderança. É necessário que esse exercício esteja comprometido com a construção de uma consciência coletiva, capaz de buscar entendimentos comuns para a criação de sinergias e alinhamentos dentro da organização. Isso significa criar e gerir um *contexto capacitante* para o exercício da autonomia, base para a flexibilidade e inovação.

Essa dimensão de desigualdade em nossa cultura foi revelada pelos estudos do antropólogo Geert Hofstede. Pesquisando dimensões clássicas da cultura em vários países, dentre elas a percepção de *"distância de poder"* (IDP – índice de distância de poder), Hofstede constatou que o Brasil é um dos países com maior IDP no mundo, comparável ao regime de castas da Índia. Essa dimensão da cultura representa o grau de aceitação de uma repartição desigual de poder por aqueles que têm menos poder nas instituições e organizações de um país – família, escola e comunidade. Portanto, é mensurada a partir do sistema de valores de quem tem menos poder nas sociedades.

Sociedades com *baixa distância de poder*, como a Alemanha e os Estados Unidos, apresentam características distintas: as pessoas parecem ser menos poderosas do que são; as mudanças de sistema político acontecem pela evolução das regras; é raro o uso de violência na política; a percepção de igualdade sustenta as bases de uma democracia participativa; há maior igualdade de renda; as religiões e sistemas filosóficos acentuam a igualdade; as ideologias reforçam a repartição de poder; teorias autóctones sobre gestão concentram-se no papel dos colaboradores. Já as sociedades com *alta distância de poder*, como o Brasil, têm características opostas: as pessoas com poder querem impressionar os demais; o poder baseia-se em laços pessoais e dívida moral; a forma de mudar o sistema é por meio da força ou carisma; revoluções e violência são comuns; há maior desigualdade de renda; as religiões e sistemas filosóficos acentuam a desigualdade; as ideologias políticas reforçam a luta pelo poder; teorias autóctones sobre gestão concentram-se no papel dos chefes. Essas sociedades podem estimular o surgimento de líderes carismáticos e tiranos, com uso ilimitado do poder.

No Brasil, pessoas de diferentes níveis sociais percebem-se como desiguais, mesmo se desconsiderarmos sua situação hierárquica ou econômica. Nossa sociedade é marcada pela assimetria entre os que têm acesso a bens privados (sistema de saúde e educação privados e de qualidade) e indivíduos excluídos de seus direitos fundamentais. Ou seja, vivemos num país de desigualdades acentuadas, dificilmente revogáveis, e assim nos percebemos como desiguais, apesar de um vago discurso de igualdade e direitos comuns.

Naturalmente, essa dimensão também está refletida nas organizações e influencia o estilo de gestão brasileiro, permeado pelas relações sociais. De fato, toda relação hierárquica mantém certa distância social, independente do ambiente institucional e cultural em que esteja inserida. A mesma hierarquia que coordena e controla o trabalho humano favorece a distância social ao criar identidades sociais divergentes, segregando por distribuição de recompensas, privilégios e poderes, de forma diferenciada. No entanto, quando as hierarquias operam em ambientes institucionais e culturais caracterizados por alta distância de poder, as diferenças sociais se acentuam demasiadamente.

Culturas de alta distância de poder são caracterizadas por ambientes de desigualdades acentuadas e personalismo, na distribuição de benefícios, com grande dificuldade para estabelecer uma noção clara do mérito. Geralmente, estimulam a adoção de um estilo de gestão que privilegia a aplicação excessiva de mecanismos de controle e ações gerenciais com foco na pressão sobre os indivíduos hierarquicamente inferiores, para que gerem resultados a curto prazo, desprezando os benefícios gerados pelas relações sociais ao longo do tempo. Construído sobre um alto grau de incerteza quanto ao futuro, esse modelo de gestão visa ganhos imediatos em detrimento dos resultados socioeconômicos sustentáveis. Sua principal fraqueza é o aumento da probabilidade de ações oportunistas por parte daqueles que aprendem a adotar estratégias pessoais de defesa, com foco em benefícios de curto prazo, e a levar vantagem em tudo, menosprezando os ganhos mútuos do esforço coletivo no longo prazo.

Relacionado ao traço marcante de desigualdade em nossa cultura, o estilo brasileiro de gestão acaba privilegiando o uso ilimitado do poder – o autoritarismo (figura 20). Nossas organizações dificilmente conseguem se livrar da lógica da concentração de poder, o que acaba gerando uma série de vícios históricos e ineficiências para a gestão organizacional.

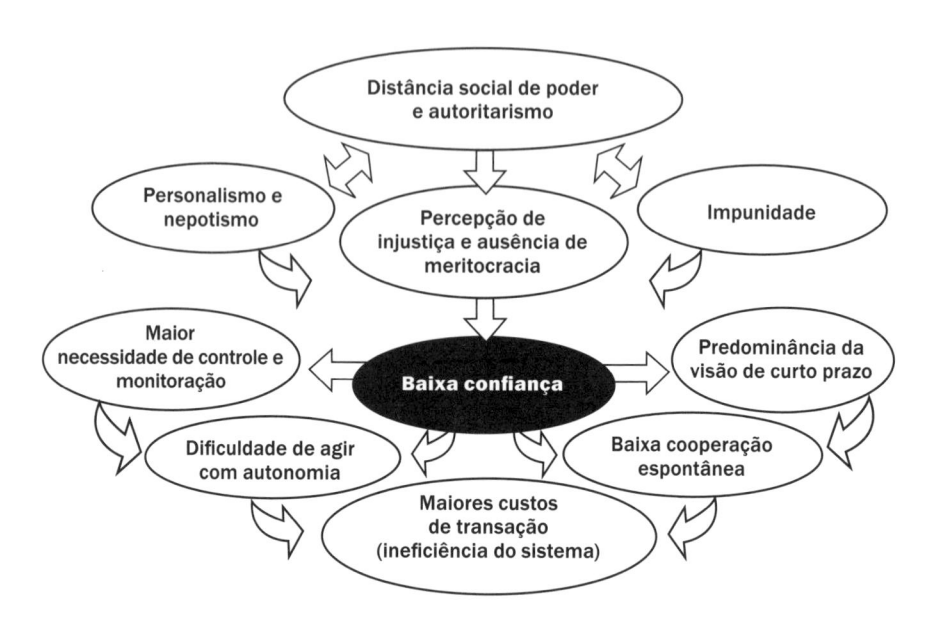

Figura 20 – Relações de confiança no contexto brasileiro

```
                    Distância social de poder
                         e autoritarismo

  Personalismo e         Percepção de
    nepotismo         injustiça e ausência de        Impunidade
                          meritocracia

      Maior                                      Predominância da
necessidade de controle e →   Baixa confiança  → visão de curto prazo
     monitoração

   Dificuldade de agir                          Baixa cooperação
      com autonomia                                espontânea

                      Maiores custos
                       de transação
                  (ineficiência do sistema)
```

O estilo brasileiro de gestão é ineficiente quando tende a apresentar como efeitos colaterais o personalismo, o nepotismo, a impunidade e ausência de meritocracia. Uma de suas consequências é isolar o indivíduo na base da pirâmide organizacional, impedindo que atribuam a ele autonomia e responsabilidade. Nesse caso, frequentemente a autonomia se torna uma competência organizacional atrofiada.

A desigualdade socialmente percebida acentua também a assimetria de informações dentro das organizações, criando a percepção de falta de integridade e consistência nos processos de comunicação e delegação de autoridade, inibindo as contribuições individuais e tornando ineficiente a aplicação de ferramentas de gestão e participação na construção do bem coletivo. Um equívoco comum é endereçar problemas desta natureza como simples falta de comunicação interna entre líderes e liderados. Trata-se, na realidade, de um problema de outra natureza. Indivíduos percebem-se como desiguais, mediados por relações de poder que definem limites para sua autonomia e direitos comunicativos.

Há reservas *a priori* sobre a confiabilidade das intenções da pessoa que ocupa um cargo de poder, além de assimetria no entendimento sobre o significado dos objetos do trabalho. Isso se reflete, por exemplo, nas regras de segurança no trabalho. O valor da vida e da segurança é relativo à perspectiva de cada indivíduo. O engenheiro que gerencia uma unidade produtiva, socializado numa comunidade de classe média e formado numa universidade, entende o valor da segurança de forma diferente do operário de classe social mais baixa, com baixo nível de educação formal, vivendo perto de comunidades degradadas, com baixa proteção da vida. O valor da segurança se torna bem relativo. Nesses casos, ao empreender esforços para a melhoria da comunicação entre essas pessoas, pode-se agravar e não melhorar o problema sobre a compreensão do significado dos objetos e, por consequência, a confiança recíproca nas intenções de cada indivíduo que interage.

É importante destacar que esse modelo cultural não apresenta, necessariamente, indivíduos na base da pirâmide ansiosos por ascensão, liberdade e autonomia. Ao contrário, produz como efeito um espírito de apatia e complacência, de negação da realidade. Pessoas em níveis hierárquicos inferiores sentem-se sem poder para interferir em seu contexto e tendem a se considerar incapazes de transformar a realidade ao seu redor e sua própria condição. Como não se sentem sujeitos da ação, acham que estão isentos de qualquer comprometimento e responsabilidade sobre seu próprio trabalho e resultados, pois colocam-se na posição de "cumprir ordens". O maior prejuízo para as organizações é que, apesar de a cultura brasileira estar disfarçada de alta interatividade e socialização, em muitos casos o desenvolvimento das relações de confiança entre chefes e subordinados torna-se extremamente difícil. Como resposta a esse ambiente de incertezas, surgem estratégias individuais, com base em personalismo e lealdade pessoal, destituídas de valores éticos, que constroem a noção de mérito. Assim, o outro lado da moeda revela um contexto social de baixa confiança. Esse modelo inibe o exercício da autonomia e impede a flexibilidade organizacional. O indivíduo aprende a se adaptar às contingências da vida, mas a organização, como um corpo coletivo, não consegue facilmente estabelecer a competência da adaptabilidade e flexibilidade.

Devido à relação de baixa confiança predominante no Brasil, as dificuldades para o exercício da flexibilidade organizacional acabam gerando aumento dos custos de transação e a ineficiência do sistema. Ao contrário, o exercício da autonomia nas organizações pressupõe a percepção de uma meritocracia pautada em igualdade ontológica e perante a lei, que define princípios de justiça compartilhados. Nesse contexto, o indivíduo se sente livre, capaz e autônomo para definir sua própria rotina e apresentar seus resultados. Assim, gastos excessivos com a aplicação de regras burocráticas, controle e monitoração são eliminados.

Para as organizações, a consequência mais importante desse traço cultural brasileiro é o seu impacto direto nas perdas não mensuradas. Seguem alguns exemplos:

- perdas de oportunidade de adicionar valor, com a gestão do conhecimento e da inteligência competitiva, nos níveis hierárquicos inferiores;
- custo de homem-hora por falta de processo de solução de problemas recorrentes;
- custo de homem-hora por dificuldade de equacionamento da carga de trabalho e recursos necessários para executá-lo com eficiência;
- passivos trabalhistas, afastamento por acidentes, absenteísmo, custo de acidentes e incidentes críticos X investimento na melhoria das condições de trabalho;
- perdas de clientes como resultado da falta de autonomia de solução de problemas "na ponta";
- foco na solução de problemas de curto prazo e falta de tempo/ pessoal para o planejamento das ações/manutenção preventiva;
- impacto na moral interna e na motivação geral para o trabalho;
- risco de impacto na imagem interna e na credibilidade do compromisso com as pessoas;
- riscos de impacto na imagem externa, compromisso com responsabilidade social e desconformidade com os requisitos das normas de gestão de qualidade, segurança e saúde no trabalho.

Ativos intangíveis da cultura brasileira

Se a combinação de alta distância de poder e baixa confiança institucionalizada apresenta desafios para a gestão no Brasil, existem muitos aspectos positivos a serem considerados no Modelo Brasileiro de Gestão. O antropólogo Geert Hofstede destaca em seus estudos sobre cultura que não há uma cultura "melhor" ou "mais eficiente" do que outra. Tais verdades encontram-se tão somente no conjunto de crenças e discursos infundados do senso comum. O que existe, na realidade, é a possibilidade e capacidade dos gestores de atuarem de acordo com a realidade da cultura local, identificando os traços predominantes e utilizando tal lógica de ação como oportunidades para a construção de ativos intangíveis para a promoção da eficiência organizacional.

Tratando-se do contexto brasileiro, os fatores da cultura nacional que podem compor o quadro de passivos organizacionais são: propensão à alta distância de poder; grande aceitação da desigualdade; foco no curto prazo; baixa disciplina pessoal; planejamento reativo e de curto prazo; e tendências a evitar a incerteza. Dependendo de como esses fatores influenciam a organização, pode haver maior ou menor dificuldade com a implantação de *contexto capacitante* para a gestão da inovação e da mudança organizacional. Os fatores da cultura nacional que compõem o quadro de ativos organizacionais são: flexibilidade; criatividade; propensão à cooperação; interação ativa e colaborativa. Tais fatores influenciam a organização, podendo gerar um maior ou menor envolvimento com a gestão do conhecimento e da inteligência competitiva, e a gestão da inovação.

O que observamos é que muitas empresas no Brasil conseguiram superar os obstáculos que se apresentam no Modelo Brasileiro de Gestão, tornando-se casos de sucesso comparáveis a qualquer outro caso de sucesso em outros países mais desenvolvidos. Esse é o caso, por exemplo, de empresas como Natura, Embraer, WEG, Grupo Gerdau, Klabin, Laboratório Sabin, Kimberly-Clark Brasil, Hospital Albert Einstein, Braskem, Neoenergia e, na área pública, o Bope/RJ, e talvez tantos outros exemplos que ainda não conhecemos. Estas foram empresas e organizações com as quais tivemos oportunidade de interagir e estudar nos anos mais recentes, seja em nossos projetos de consultoria pela *Symbállein*, em programas de educação executiva que participamos ou em projetos de pesquisa. Em todas elas, a gestão dos ativos intangíveis com foco na qualidade do vínculo e nas relações de confiança foi essencial para o sucesso empresarial.

Vamos destacar alguns aspectos que podem ajudar na construção da cooperação espontânea com base em relações de confiança.

Um elemento da cultura brasileira a ser considerado, muito debatido nos estudos de antropologia e que pode ser conceituado como um ativo intangível, é a orientação da nossa cultura para uma relação de *identificação* com o outro, em contraposição à *identidade*. Alguns estudiosos observam essa orientação da nossa cultura para a *identificação* do grupo com um indivíduo *estranho* ou considerado "de fora", em detrimento a uma orientação para a *identidade*, estabelecendo limites claros de acesso e inclusão. Enquanto a lógica da *identificação* busca criar traços comuns para que os membros do grupo possam interagir e criar relações com aquele que é considerado *estranho*, gerando espaços de interação, as culturas orientadas pela *identidade* são bélicas no sentido que buscam estabelecer com clareza os limites para que os indivíduos estranhos sejam aceitos ou expurgados. Na lógica da *identidade*, um determinado grupo buscará definir claramente quem faz e quem não faz parte dele. Na lógica da *identificação*, como é o caso da cultura brasileira, há a tendência de inserir o estranho e/ou estrangeiro abrindo espaços de interação para a sua inclusão, buscando identificar traços comuns que o façam se sentir acolhido.

Essa lógica pode apresentar benefícios para a gestão organizacional. O brasileiro em geral tende à maior flexibilidade, pela facilidade de adaptação a uma cultura estrangeira e a uma tendência de derrubar possíveis barreiras que o impeça de buscar traços comuns com o estrangeiro. Se adequadamente compreendida e bem-canalizada, essa orientação de comportamento pode ser eficiente em processos de fusões e aquisições, mudança organizacional, adaptação e coordenação das organizações.

A orientação da cultura brasileira para o curto prazo, como destacamos antes, também pode representar uma oportunidade de flexibilidade a novos contextos, reforçando a competência de adaptação às mudanças repentinas. Apesar de termos ressaltado esse traço como predominantemente negativo, no sentido de faltar com as precondições para o engajamento a perspectivas de longo prazo, há outro aspecto que podemos considerar positivo, dependendo de como gestores conseguem intervir em suas realidades, conferindo plasticidade e flexibilidade para os indivíduos se adaptarem a novos contextos. Em geral, a sociedade brasileira aprendeu com o tempo a viver na expectativa do curto prazo, explorando o que pode extrair de melhor do momento, não se preparando ou planejando para o futuro mais distante. Se por um lado isso dificulta firmar uma crença positiva no futuro mais distante (daí termos grandes dificuldades para o exercício do planejamento, da disciplina pessoal para o aperfeiçoamento e de vários outros aspectos relacionados ao conceito de sustentabilidade, como cuidar do futuro e dos recursos naturais), por outro, podemos entender esse traço predominante como uma possível competência diante de situações que exigem adaptação a novas realidades.

Outro aspecto identificado no modelo brasileiro é uma grande predisposição (não de toda racional, mas fortemente emocional) ao engajamento coletivo diante de uma causa comum que agregue sentido e significado para o trabalho. Como ressalta Hofstede em seus estudos, culturas de alta distância de poder tendem a acolher com mais facilidade as lideranças carismáticas. Portanto, é importante que haja uma liderança que evoque o engajamento dos membros da organização. Se por um lado a presença da liderança carismática pode representar uma fragilidade devido à dependência excessiva de indivíduos específicos para a motivação das pessoas, por outro, líderes que assumem causas que geram sentido para a ação coletiva encontram grandes espaços de atuação nas organizações brasileiras pelas adesões voluntárias que conseguem. Muitas organizações cresceram e encontraram força e expressão na ação de seus líderes que conseguiram engajar e motivar a ação coletiva a partir do seu carisma.

LIDERANÇA EM CONTEXTOS DE INCERTEZA

Lideranças que despertam valores compartilhados assumiram relevância, recentemente, quando os danos da meritocracia financeira – que premia resultados de curtíssimo prazo, descomprometidos com a qualidade do trabalho e com a perenidade das empresas – se fizeram sentir com toda a sua força. Em alguns contextos organizacionais, surgiu a demanda por um estilo de liderança que apontasse para a direção da necessidade de se identificar o elemento, mecanismo ou processo que constrói, desperta virtudes e redireciona o trabalho coletivo. Nesse sentido, indivíduos percebidos como sujeitos que apresentam um estilo de liderança com base em valores compartilhados encontraram com facilidade os espaços deixados pelas novas configurações sociais em uma economia com foco em demandas de curto prazo, com quebra de confiança e predomínio das relações pautadas em trocas de interesses.

Apesar da abordagem a este tema apresentar uma reflexão teórica importante, sua lógica está bastante ancorada na prática. Nossa experiência com diagnósticos estratégicos de cultura e ativos intangíveis organizacionais tem nos mostrado que esta é uma preocupação constante de gestores e dirigentes de empresas. Cada vez mais, eles reconhecem a necessidade desse elemento que motiva, desperta, cria sentido e fortalece o vínculo.

Assim, a liderança orientada por valores compartilhados reduz os custos de transação e coordenação internos e aumenta a eficiência da empresa, ao promover a redução da entropia organizacional – o alinhamento de objetivos e a redução da incerteza dos comportamentos –, motivando pessoas a apresentarem suas melhores ideias, contribuições e esforços adicionais para o cumprimento de objetivos comuns. Ao apostar na força da cooperação espontânea, passam a promover uma junção de esforços com base em relações de confiança mútua, entre líder e liderados.

Idealmente, tal líder age sobre a realidade simbólica do grupo, promovendo a unidade e indicando um norte estratégico comum para as ações e esforços da coletividade, por meio do estímulo das virtudes pessoais de cada colaborador. Esse líder é capaz de avistar outras possibilidades e criar espaços de sentido, ética, realização e excelência, onde a maioria das pessoas no contexto brasileiro só enxerga espaços de pressão por resultados e redução de custos. É o indivíduo que, ao rejeitar o fatalismo, a complacência e o pessimismo, consegue mobilizar os outros na construção das alternativas possíveis e necessárias.

No ambiente de negócios brasileiro, esse estilo de liderança tem se manifestado de diversas formas, superando as dificuldades do nosso modelo cultural institucional. São casos de sucesso que representam soluções práticas para os dilemas e desafios do Modelo Brasileiro de Gestão. O exercício do líder é reconhecer e agir sobre os ativos intangíveis da organização a partir da filosofia de gestão construída sobre as experiências do passado, e que poderá se refletir no presente em seu processo de tomada de decisão. São modelos de gestão que conseguem enxergar um caminho virtuoso para além dos ganhos financeiros de curto prazo.

Na falta de outros indicadores de sucesso de curto prazo, as organizações têm utilizado a métrica financeira como medida e bússola, e ao fazê-lo, com frequência destroem as precondições para a produção de valor verdadeiro e sustentável. Aquele que é percebido como líder que age baseado em valores pode representar um antídoto para essas soluções fáceis e evitar a armadilha dos indicadores financeiros rasteiros, ocupando um grande espaço nas organizações.

8 | Missionários ou Mercenários

Em 2014, publicamos o livro *A ponta da lança*, fruto de um estudo de cinco anos sobre as equipes de operações especiais no Brasil e nos Estados Unidos.[49] Nele buscamos identificar traços característicos e atributos dessas equipes que operam em contextos extremos. Começamos o trabalho com um objetivo de pesquisa: compreender o fenômeno da confiança em situações extremas e a formação do vínculo nas organizações. O estudo da confiança em empresas está de tal forma relacionado com questões de natureza econômica e com o jogo político interno que é difícil compreender o que está na sua essência.

Uma pergunta constante que norteou a nossa investigação: que fatores explicam a capacidade de indivíduos correrem tamanho risco pessoal na atividade profissional? E que fatores de coordenação conjugam esforços pessoais para a obtenção de resultados em cenários tão agressivos? Nenhuma das teorias de motivação que analisamos ofereceu explicação satisfatória para a realidade observada. Quando iniciamos o trabalho de investigação nas equipes de operações especiais das Polícias Civil e Militar do Estado do Rio de Janeiro, esperávamos poder isolar melhor a questão da confiança ao observá-la em situações extremas, quando a vida do policial combatente está em jogo e a confiança na equipe parece ser fundamental para o exercício da atividade profissional. Mas acabamos por nos deparar com uma complexidade bem intrigante: o sentido de *missão*. O que nas organizações produtivas não passa de uma fonte de inspiração longínqua assume aqui uma centralidade inesperada. Nossa investigação nos mostrou que membros de equipes de operações especiais são orientados pelo sentido de missão, sem o qual essas equipes não poderiam construir sua competência e excelência operacional.

A confiança que encontramos não é a presente nas instituições e organizações, mas sim a depositada em pessoas específicas, que, com histórias de vida marcadas por decisões em que a missão está acima da própria segurança pessoal, conquistam os companheiros de batalha e criam vínculos poderosos que faz com que, apesar dos enormes riscos que a tomada de uma favela dominada pelo tráfico traz, cria a base da excelência operacional reconhecida internacionalmente. Em suma, em nosso país, onde vários índices de gestão e produtividade no trabalho revelam ineficiência e baixa produtividade, pode-se dizer que as equipes policiais de operações especiais surpreendem bastante.

A confiança, neste caso, é a derivada da capacidade de colocar a missão acima dos interesses pessoais, a vida do companheiro em batalha acima da própria segurança pessoal e a capacidade de resistir à corrupção e aos assédios de inúmeras origens, apesar da remuneração baixa e das condições de trabalho muitas vezes inadequadas. É a confiança que emerge na certeza de que seus superiores imediatos estão fazendo o melhor possível dentro dos limites dos investimentos, informações e equipamentos, que todos compartilham a mesma missão e que há uma cota de sacrifícios necessários para que a missão fique acima dos desmandos e desordens que estão alheios à instituição policial. Essa capacidade lhes dá o sentimento de superioridade em relação aos outros, a todos aqueles que, descomprometidos com causas que vão além do interesse pessoal, são incapazes do autossacrifício e vivem perdidos em um universo sem virtudes e sem glórias.

Compreender a força do vínculo que é estabelecido pela exposição frequente ao risco de morte e às representações da realidade para a ação a partir de uma missão comum é fundamental para compreendermos a coordenação das equipes de operações especiais. Nestes casos investigados, a liderança é necessária e possui um papel estruturante, porém insuficiente, para explicar a formação dessas equipes. Certamente a efetividade da liderança em qualquer organização não só depende de suas competências técnicas, mas também de suas habilidades interpessoais para promover, entre seus liderados, o compromisso com a estratégia e aceitação das metas, como afirmam as teorias tradicionais. No caso das equipes policiais de operações especiais, deve-se compreender a relação entre o significado para a ação coletiva como a variável que imprime legitimidade à ação do líder. Ou seja, essas organizações diferem daquelas convencionais pelo peso central do significado e sentido para a ação e sua relação com os vínculos entre indivíduos. A exposição ao risco de vida extremo, o perfil combatente e a devoção à causa comum e à missão são elementos fundamentais para sua compreensão.

Tomando as equipes de operações especiais como uma inspiração, podemos observar estilos de gestão estratégica de pessoas diferentes dentro das empresas. Assumindo uma dimensão ilustrativa temos dois extremos: grupos orientados pela missão, que constroem vínculos duradouros de confiança mútua e lealdade, e o outro extremo, caracterizado fortemente pela recompensa individual imediata e pecuniária, em que o sentido de missão comum é pouco relevante ou inexistente.

O primeiro grupo, semelhante às equipes de operações especiais, se constitui dos *Missionários*. Encontram em seu trabalho um sentido e um significado maior, que os motiva a agir além do ordinário, ou do que se pode considerar esperado. A missão representa uma fonte de motivação que traz sentido para a ação individual inserida na coletiva, e frequentemente a aceitação de uma vida de sacrifícios pela causa comum. Há uma busca por forte significado em algumas atividades. Nesta categoria encontram-se também com frequência as sociedades militares, religiosas, médicas e paramédicas e membros de diversas ONGs. *Missionários* são motivados pela tarefa em que encontram sentido e significado para sua ação. Versões de grupos *Missionários* são motivadas por outras questões igualmente relevantes, como a defesa da vida, a sustentabilidade, o lucro admirável, a erradicação da extrema pobreza, o combate à matança de animais, os direitos da mulher e a diversidade, a universalização do acesso aos bens públicos, entre tantas outras.

Os grupos do outro extremo, caracterizamos aqui como *Mercenários* (figura 21). São formados por aqueles que se sentem motivados predominantemente pelo retorno financeiro de curto prazo. A ética do egoísmo guia os comportamentos nessas organizações. Indivíduos enxergam o mundo pela lógica da defesa dos interesses individuais. Se cada indivíduo na sociedade buscar seus próprios interesses individuais, a sociedade será melhor. Aqui a ação coletiva serve ao interesse do indivíduo. Nas relações hierárquicas, os superiores precisam assumir o papel de supervisão e controle, uma vez que a cooperação espontânea é pequena e a atmosfera organizacional apresenta baixos níveis de confiança interpessoal. O desempenho do indivíduo é valorizado em detrimento do desempenho do grupo. Há uma crença de que são indivíduos brilhantes que de fato fazem a diferença. Louva-se os modelos individuais que *fazem acontecer por conta própria*. O valor estruturante deste modelo de gestão é a *independência*. Ele reconhece indivíduos como líderes por serem exemplos de como empreender com determinação em busca de resultados, sem necessariamente atribuir a uma equipe tal mérito. O papel do sujeito, em desvantagem ao do grupo, é destacado. Acreditam predominantemente que indivíduos são os responsáveis pelas conquistas e pelo sucesso e que os subordinados devem adotar tais exemplos como referência para orientar sua ação individual.

Figura 21 – *Missionários* e *Mercenários*

Missionários ← ESTILOS DE GESTÃO → *Mercenários*	
• Alta cooperação espontânea	• Motivados pelo retorno de curto prazo
• Superiores = facilitadores	• Ética do egoísmo
• Alta confiança e baixo controle	• Superiores = controladores
• Interdependência	• Baixa confiança e alto controle
• Guiados pela missão compartilhada	• Baixa cooperação espontânea
• Sentido e significado da tarefa	• Independência
• Espírito de corpo	

Membros de grupos *Missionários* tendem a adotar uma missão metafísica ou semelhante. Seus integrantes adotam a missão como causa maior e inspiração para a ação coletiva. Os superiores possuem a função de assegurar que os atributos simbólicos de suas organizações sejam bem-interpretados pelos subordinados, e estes agem como facilitadores na formação de suas equipes. O valor estruturante desse modelo de gestão é a *interdependência*. O espírito de corpo, que representa a soma dos membros do grupo, é valorizado. Acredita-se que a construção coletiva é que deve mover a todos para a missão e que a ação do indivíduo deve estar submetida a este. Ainda que se reconheça o indivíduo, isso ocorre em função do exemplo de atitudes e valores que a coletividade reconhece e adota como essenciais para assegurar sua coesão e para que a missão comum seja levada a cabo. É nesse contexto que a questão da espiritualidade ganha sentido sociológico. A necessidade humana por sentido, para a vida e para o trabalho, se coloca de forma mais intensa para esses grupos. Aqui, a identidade do sujeito construída a partir da definição burocrática da sua função e do seu papel não comporta a realidade vivida.

No caso dos *Mercenários*, a natureza humana é caracterizada pelo egoísmo e interesse próprio. As questões altruístas e coletivas podem importar desde que gerem benefícios para o indivíduo. Entendem que cada um é responsável por suas escolhas e seu destino e não enxergam sentido em dedicar tempo e energia à construção do coletivo por puro altruísmo e sentido de missão. As decisões racionais baseadas em cálculos de custo e benefícios são levadas às últimas consequências em busca do interesse pessoal.

Uma boa ilustração de grupos *Mercenários* são as antigas sociedades piratas. Ali não havia a predominância de laços de fraternidade e irmandade senão o interesse comum em assaltar outro navio em busca dos espólios de guerra. O interesse pela vida dos outros membros do grupo é apenas pela necessidade de tê-los juntos para vencer uma batalha que demanda união da força de todos. Mas ainda aqui prevalece tão somente o interesse egoísta. Assim que termina a batalha, os demais são desnecessários. Nas sociedades piratas os superiores devem assumir o controle do navio com mão forte, usando a punição para dar o exemplo da aplicação das penas que podem sofrer aqueles que cederem à tentação do oportunismo. O capitão deve se utilizar de provadores e vigias sempre que tiver que iniciar uma refeição ou descansar, pois a baixa confiança coloca sempre uma ameaça a sua posição.

Geralmente, para os membros de grupos *Missionários*, há aqueles que em igualdade de condições são "do bem" e outros que são "do mal", que escolheram essa alternativa por características que lhes são próprias. Há, portanto, uma batalha a ser travada para se completar a missão. *Missionários*, antes de serem convocados para uma missão pessoal, são convocados para uma missão coletiva.

Referente aos grupos *Missionários*, as questões colocadas por Santo Agostinho[50] aparecem de forma renovada: se Deus existe, por que há injustiça no mundo? Por que os justos sofrem tanto ou mais que os ímpios? No capítulo IX de *A cidade de Deus*, Agostinho afirma que o combate ao mal depende da predisposição a censurá-lo, corrigi-lo, enfrentá-lo e que a preguiçosa indiferença ou o "temor de ressentimentos que poderiam causar-nos prejuízo ou prejudicar-nos no tocante aos bens temporais cuja posse nossa cupidez, cobiça, cuja perda nossa fraqueza receia" são as causas do seu crescimento. Portanto, é da virtude da coragem para enfrentar o mal que surge a força e o sentido para o trabalho dos *Missionários*. Quais são as causas do sofrimento dos inocentes? A questão da omissão dos justos surge de várias formas como resposta, o que dá sentido a sua atividade de múltiplas formas. É na sua *não* omissão que as últimas barreiras são colocadas para a expansão do mal. Isso cria sentido para o trabalho dos grupos *Missionários*.

PARTE 3

CONFIANÇA EM AÇÃO: ESTUDO DE CASOS

1 Modernização penosa: o caso das empresas de telecomunicações no Brasil

Os efeitos da Nova Economia nas organizações

Altos níveis de incerteza e instabilidade podem caracterizar melhor o ambiente institucional no qual as empresas da indústria das tecnologias da informação e comunicação (TIC) operam sob o paradigma da Nova Economia (NE). Este ambiente mudou significativamente as dinâmicas das relações comerciais em direção a um modelo mais competitivo em todo o mundo, principalmente por causa dos processos de liberalização de mercados e privatização de empresas estatais, estabelecendo novas formas flexíveis de produção com base em redes de relacionamento por meio de alianças, redes de subcontratados e *joint ventures*. Tal configuração afetou o ambiente de trabalho, modificando o tradicional modelo de contrato de trabalho *relacional*, para um modelo mais *transacional*.[1]

A Nova Economia pode ser compreendida como um conjunto de *inovações institucionais*, na forma de uma nova configuração macroeconômica, que teve como meio e motor a evolução das tecnologias da informação e comunicação. É caracterizada pelo impacto de macromudanças institucionais nas esferas política, econômica e tecnológica, afetando, no entanto, diferentes níveis em todas as indústrias. O principal processo de transformação reside nas tecnologias da informação, processamento e comunicação, atuando nos sistemas econômicos de produção, não como um elemento exógeno às organizações, mas como o próprio processo em si, no qual suas atividades econômicas operam e podem produzir novos produtos.[2]

Embora a Nova Economia tenha afetado todas as indústrias em diferentes graus, o grupo de empresas mais atingido por seus efeitos é o responsável pela produção de bens e serviços baseados nas tecnologias da informação e comunicação.[3] Como a difusão das TIC por toda a economia nos últimos anos está concentrada nas novas operadoras e nos fornecedores de telecomunicações, essas novas empresas são caracterizadas principalmente pela nova indústria das telecomunicações. Elas operam na produção, armazenagem e distribuição da informação e possuem como atividade principal a oferta de soluções tecnológicas, especificamente os setores de informática e telecomunicações. Algumas dessas empresas foram monopólios estatais que passaram por profunda reestruturação por meio dos processos de privatização ocorridos em muitos países. Outras emergiram a partir do estabelecimento de um outro modelo competitivo, com a desregulamentação e a abertura de novos mercados. Outras ainda surgiram como empreendedoras motivadas pelo desenvolvimento das novas tecnologias, buscando aproveitar novas oportunidades de mercado. Essas empresas foram os principais agentes econômicos responsáveis por construir a infraestrutura necessária para o desenvolvimento de redes, sistemas de comunicação e pela introdução de inovações tecnológicas em diversos mercados, em todo o mundo.

Historicamente, as empresas de telecomunicações são os agentes econômicos responsáveis pela difusão das tecnologias da informação e comunicação ocorrida nas últimas décadas.[4] São empresas que apresentam características singulares em consequência da influência de transformações institucionais, cujo efeito principal foi a configuração de um ambiente de negócios de alta incerteza e risco, com a necessidade contínua de adaptação às mudanças externas. Podemos identificar três principais fontes inter-relacionadas de incertezas ambientais (figura 22):

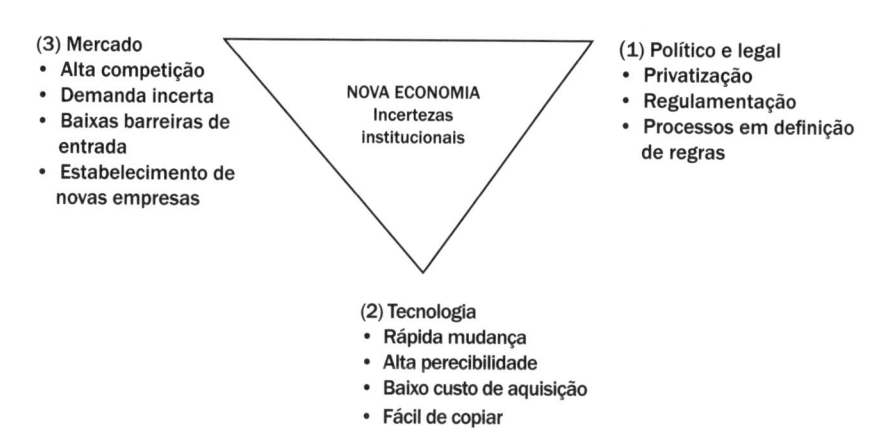

Figura 22 – Principais fontes de incerteza institucional
na Nova Economia

(3) Mercado
- Alta competição
- Demanda incerta
- Baixas barreiras de entrada
- Estabelecimento de novas empresas

NOVA ECONOMIA
Incertezas institucionais

(1) Político e legal
- Privatização
- Regulamentação
- Processos em definição de regras

(2) Tecnologia
- Rápida mudança
- Alta perecibilidade
- Baixo custo de aquisição
- Fácil de copiar

1) Incertezas criadas por mudanças institucionais políticas e legais: remoção de barreiras para a mobilidade do capital, bens e serviços; liberalização de mercado (desregulamentação); privatizações; estado do processo de regulamentação da competição entre empresas após o processo de privatização. Frequentemente devido ao processo de regulamentação incipiente, as empresas operam sob regras de mercado indefinidas ou em definição.

2) Incertezas relativas às constantes mudanças tecnológicas por meio de rupturas e do contínuo processo de inovação tecnológica. A diversificação tecnológica permite que possíveis trajetórias tecnológicas venham a competir entre si, aumentando o nível de incerteza; assim como a incerteza inerente à inovação tecnológica dos processos produtivos baseados no uso intensivo do conhecimento.[5]

3) Incertezas relativas às condições de novos mercados desregulamentados: baixas barreiras de entrada, alta competição, demandas incertas e/ou irregulares e a gestão de crescentes complexidades tecnológicas de curto prazo.

Incertezas são típicas de mercados emergentes devido à ausência de informação histórica. Na nova indústria das telecomunicações, as incertezas institucionais aumentaram substancialmente por causa da combinação das diferentes fontes de incerteza mencionadas anteriormente. A incerteza gerada no ambiente de negócios dessas empresas tem relação com: 1) a abordagem de mercados emergentes em escala global; 2) uma variedade de novas tecnologias que permite o desenvolvimento de diversos produtos e serviços; 3) os produtos e serviços com curto ciclo de vida; 4) o estabelecimento de novas empresas, muitas financiadas por fundos de curto prazo (*venture capital*); 5) o processo frequentemente falho de definição de regras de mercado; e 6) as falhas nas estimativas de demandas.

Mudanças na natureza do contrato de trabalho ocorreram principalmente nas novas empresas de telecomunicações. Ao pesquisar as novas condições de trabalho na Nova Economia, Burton-Jones (1999) observa a volatilidade e a temporalidade desses contratos e de seu impacto nos relacionamentos com base na confiança. O grau de incerteza e rotatividade de funcionários na Nova Economia é reflexo da grande turbulência sob a qual as empresas operam. A substituição dos contratos relacionais, de longo prazo, por novas formas flexíveis de contrato de trabalho (contingente) é o principal veículo na transição da Velha Economia para a Nova Economia. Enquanto as empresas tendem a apresentar contratos de trabalho envolvendo tarefas mais genéricas e por um longo período de tempo, nas empresas da Nova Economia os contratos de trabalho têm se dirigido a tarefas específicas e de curto prazo.

Consequentemente, ocorre uma profunda mudança na natureza dos relacionamentos entre os membros dessas empresas, aumentando os conflitos nas interações de trabalho e a competição interna, rompendo com o sentimento de lealdade e aumentando o comportamento oportunista. Essas empresas foram formadas por uma força de trabalho muito jovem e marcadas por altos índices de rotatividade de empregados devido ao constante redimensionamento da força de trabalho por meio de *layoffs*. A principal consequência dessas mudanças nas relações de trabalho é uma menor interdependência entre empregados e empregadores.

O PROCESSO DE PRIVATIZAÇÃO

Seguindo as políticas mundiais de liberalização, o processo de privatização do setor das telecomunicações no Brasil ocorreu por meio da aprovação da Lei Geral das Telecomunicações, em 16 de julho de 1997, que deu origem à Agência Brasileira de Telecomunicações, a Anatel. A privatização do setor começou em 1998, com a venda das empresas de monopólio estatal. Com o propósito de promover a melhoria geral da infraestrutura das comunicações no país, por meio do estabelecimento de um novo modelo de competição de mercado e da transferência do controle da propriedade do Estado para grupos privados, os novos atores corporativos adquiriram os direitos de exploração comercial de alguns serviços de telecomunicações em determinadas regiões do território nacional.

O novo modelo de telecomunicações segue os princípios de competitividade, universalidade e qualidade definidos em *Perspectivas para ampliação e modernização do setor de telecomunicações* (Paste, 2000), comprometidos com a diminuição do papel gestor do Estado, de modo a estabelecer um novo modelo regulador. Seus objetivos foram promover a competição e a diversificação dos serviços e fornecer infraestrutura básica de serviços para a população. Para estabelecer um modelo competitivo, o país foi dividido em regiões comerciais e os serviços de telecomunicações foram categorizados para propósitos de fornecimento de licenças de exploração comercial, basicamente em operadoras de telefonia fixa, operadoras de telefonia móvel e provedores de serviços especiais (tais como TV digital, TV a cabo, serviços de dados especiais, entre outros).

As empresas estatais tradicionais vendidas aos grupos privados sofreram a competição de mercado com as chamadas empresas "espelho", os novos atores de mercado. De acordo com o modelo original, ao menos duas empresas deveriam competir em cada região, explorando o mesmo mercado. Basicamente duas fases foram definidas para o processo de privatização.

Na primeira fase, o modelo competitivo considerava um determinado tempo para que as empresas "entrantes" pudessem se estabelecer no mercado e iniciar suas atividades de forma a competir com as ex-empresas estatais, já privatizadas. Por outro lado, essas ex-empresas estatais (também chamadas *incumbents*) eram responsáveis por atingir algumas metas de universalização estabelecidas pela Anatel. As *incumbents* deveriam alcançar objetivos, ou seja, prover serviços públicos básicos em suas regiões até o fim de 2003. No entanto, para que as novas empresas entrantes pudessem efetivamente iniciar suas atividades, deveriam investir recursos na construção da sua própria infraestrutura de telecomunicações.

A segunda fase se iniciou com o atendimento das metas de universalização certificado pela agência reguladora. A partir de então, as *incumbents* poderiam competir em outras regiões e explorar comercialmente outros serviços (por exemplo, a convergência da telefonia fixa e móvel), incluindo algumas possibilidades de fusões e aquisições. Em 2003, aproximadamente 41 empresas de operadoras de telefonia móvel e 11 operadoras de telefonia fixa competiam no mercado brasileiro, de acordo com as licenças concedidas pela agência reguladora. A demanda crescente por produtos básicos, como internet e telefones celulares, seguiu as tendências mundiais. No fim de 1998 o Brasil possuía 7,3 milhões de linhas ativas de telefonia celular. Ao final de 2003 este número já representava 46,3 milhões. Em 2014 eram mais de 280 milhões de linhas ativas.

"Painful Modernization"

O caso da indústria das telecomunicações no Brasil pode ser usado para ilustrar o impacto da incerteza institucional sobre as relações de trabalho. A Organização Internacional do Trabalho apresenta e caracteriza o caso das privatizações no setor de telecomunicações no Brasil como *"painful modernization"*.[6] De acordo com o relatório, os efeitos da Nova Economia no Brasil levantaram várias controvérsias, revelando uma grande redução dos postos de trabalho nas empresas das TIC, a eliminação das indústrias tradicionais, e uma grande dependência do capital externo. As empresas de monopólio estatal tiveram que se adaptar rapidamente ao novo modelo de competição e as novas empresas entrantes no mercado enfrentaram um clima crítico para iniciar suas atividades, frequentemente em meio a regras mutantes de competição. Tais condições institucionais produziram mudanças significantes no ambiente interno dessas empresas.

As condições de trabalho nas novas empresas de telecomunicações no Brasil podem ser caracterizadas por grande incerteza e instabilidade. Esses ambientes de trabalho foram marcados por grandes expectativas iniciais e altas taxas de empregabilidade seguidas de demissões e flutuações da força de trabalho. As empresas *incumbents*, sob fortes processos de reestruturação e reorganização e altas expectativas de demanda, começaram a contratar novos funcionários e a renovar sua força de trabalho. O mesmo ocorreu com as novas empresas, que iniciaram a construção de sua infraestrutura básica de serviços.

Em 1999, o faturamento das operadoras de telecomunicações no país aumentou 57,2% sob grandes expectativas. Em 2000, a Brasil Telecom, operadora controlada pelo Grupo Telecom Itália, reportou crescimento de 244,7% de vendas no ano.[7] No entanto, logo após a crise iniciada em meados de 2000 e durante o ano de 2001, as expectativas sobre o *boom* das telecomunicações no país diminuíram e as operadoras começaram a dispensar todo o "excedente" de sua força de trabalho.

UM ESTUDO DE CASO COMPARADO

Nesta seção relatamos a primeira pesquisa empírica realizada no Brasil acessando os níveis de confiança interpessoal, indicadores de confiança e o comprometimento dos funcionários, dentro de grandes empresas privadas.[8] O estudo parte da lógica da teoria da decisão racional e das observações do ambiente institucional da Nova Economia para estruturar a sua hipótese. Considerando que grande parte das trocas entre os membros das organizações é realizada por repetidas transações, este estudo parte da lógica dos *jogos repetidos* para ilustrar as mudanças no contrato relacional. Como vimos, as pessoas aprendem que cooperar é de seu próprio interesse sob condições de continuidade das interações. Quanto maior a probabilidade de repetidas interações, maior será a chance de interações entre agentes, e, desta forma, a possibilidade de desenvolvimento de relacionamentos com base na confiança aumentará. Ao reduzir a probabilidade de futuras interações, as oportunidades de relações de confiança também diminuem.

Com o objetivo de investigar os efeitos das incertezas institucionais sobre os níveis de confiança, analisamos um grupo de empresas mais próximas do paradigma da Nova Economia em comparação com outro grupo de indústrias mais tradicionais, aqui caracterizadas como Velha Economia. Partimos da premissa que, na Nova Economia, incertezas institucionais e instabilidade ambiental influenciam consideravelmente o comportamento organizacional tornando difícil o desenvolvimento de um senso geral de controle sobre as expectativas futuras das pessoas. Desta forma, nossa pesquisa se inicia com a seguinte hipótese: *devido à relativa alta incerteza institucional, as empresas que operam na Nova Economia apresentam baixos níveis de confiança interpessoal, quando comparadas com empresas que operam na Velha Economia.*

Em 2004, uma pesquisa empírica foi conduzida no Brasil considerando um grupo formado por sete empresas privadas, representando cinco diferentes indústrias. Por meio da análise dos níveis de confiança dentro das empresas, essa pesquisa buscou compreender as mudanças que ocorreram nos contratos (relacionais) de trabalho. Como ferramentas de pesquisa foram usados: um questionário previamente validado; dados públicos e privados dessas empresas; entrevistas com os diretores de Recursos Humanos e de Planejamento Estratégico (ou cargo similar) e entrevistas com especialistas de mercado.

Critérios usados para a classificação das empresas

As sete empresas participantes da pesquisa foram classificadas em grupos representativos da Nova Economia ou da Velha Economia. Os critérios propostos para a escolha das empresas seguem quatro relevantes características definidas de acordo com a revisão da literatura e das observações empíricas sobre a realidade dessas empresas, alinhadas à definição de Nova Economia apresentada por este estudo. O primeiro critério refere-se tão somente ao segmento industrial. Os demais critérios estão alinhados a algumas características específicas das indústrias.[9] De acordo com essas características, as sete empresas foram classificadas em três grupos distintos (tabela 2): três empresas de telecomunicações foram consideradas como representativas da Nova Economia; três das indústrias de mineração, siderurgia e petroquímica foram classificadas como representativas da Velha Economia; uma empresa de mídia recebeu a classificação de alternativa. O estudo identificou um conjunto de características na empresa de mídia que não se alinhava ao perfil das outras nos dois grupos anteriores, mas representava um grupo alternativo, por isso a classificação diferente das demais. A empresa de mídia, portanto, foi usada para análise discriminatória de validação. Esta empresa apresentou um conjunto misto de características, diferente dos dois grupos anteriores, sendo considerada um tipo híbrido perfeito.

Tabela 2 – Classificação das empresas do estudo

Nova Economia	
Indústria	Nome da empresa no estudo
Telecomunicações	Telecom 1
Telecomunicações	Telecom 2
Telecomunicações	Telecom 3
Velha Economia	
Mineração	Mineradora
Siderurgia	Siderúrgica
Petroquímica	Petroquímica
Alternativa	
Mídia	Mídia

INSTRUMENTO DE PESQUISA

A concepção do instrumento de pesquisa parte da análise dos níveis de confiança dentro das empresas para avaliar possíveis transformações do modelo de contrato de trabalho. Assim, outras variáveis foram consideradas a fim de capturar um retrato mais completo do possível impacto das incertezas institucionais da Nova Economia sobre as relações de trabalho. Investigando a confiança como elemento central em contratos relacionais, o estudo adotou um modelo analítico envolvendo outras duas dimensões já abordadas em investigações anteriores: *indicadores de confiança*[10] e *comprometimento dos funcionários*.[11] Além disso, também foram consideradas as taxas de rotatividade de contratados nas empresas participantes. O questionário da pesquisa foi composto por dois questionários previamente validados.[12]

Tabela 3 – Escalas utilizadas na pesquisa

1) Confiança: • Confiança no superior imediato • Confiança em um colega de equipe • Confiança na equipe de trabalho
2) Indicadores de confiança: • Integridade e consistência na gestão • Compartilhamento e delegação de autoridade • Demonstração de preocupação com os funcionários • Comunicação interna
3) Comprometimento dos funcionários: • Comprometimento afetivo • Comprometimento normativo • Comprometimento de continuidade

As escalas de confiança foram especificamente concebidas para acessar a predisposição das pessoas de se colocarem em situação de vulnerabilidade em relacionamentos interpessoais no ambiente de trabalho. O instrumento foi criado para acessar o nível de confiança *entre subordinados e superiores, entre pares do mesmo nível hierárquico* e a *confiança do indivíduo em sua equipe de trabalho*.[13]

Entrevistas e dados coletados nas empresas

Muitas das características apontadas com a revisão da literatura especializada foram confirmadas por meio da análise dos dados coletados em entrevistas com os diretores de Recursos Humanos e de Planejamento Estratégico. Por exemplo, por causa da incerteza relativa à demanda e à mudança tecnológica, as empresas da Nova Economia são caracterizadas na literatura especializada como mais dependentes de inovações tecnológicas.[14] Embora esta atividade possa ser uma forte característica das empresas que operam mais próximas do paradigma da Nova Economia, o que melhor caracteriza a sobrevivência dessas empresas é ser dependente das mudanças tecnológicas. Notavelmente, os dados coletados mostram que elas são mais suscetíveis ao impacto de inovações em seus mercados, com uma alta frequência de mudança na tecnologia e nos sistemas de produção.[15]

Também foram observadas as médias de retenção de funcionários nessas empresas e as taxas anuais de rotatividade, revelando que nas empresas da Nova Economia a permanência dos funcionários é bem menor. Além disso, quando analisamos as questões demográficas, é possível confirmar as diferenças acentuadas relacionadas ao ambiente organizacional das empresas da Nova Economia, em comparação com as da Velha Economia.[16]

Confiança e comprometimento

Os resultados confirmaram a hipótese principal do estudo e mostraram-se consistentes com os argumentos apresentados e a classificação proposta para as empresas participantes.[17] As diferenças estatisticamente significantes dos níveis de confiança entre a Nova e a Velha Economia sugerem que o desenvolvimento da cooperação informal com base em relacionamentos de confiança possui maior probabilidade de ocorrer e de produzir mais comprometimento dos empregados e satisfação na Velha Economia. Ao contrário, os baixos níveis de confiança encontrados nas empresas da Nova Economia sugerem maior dificuldade para o desenvolvimento de cooperação informal e requerem um diferente conjunto de incentivos para a promoção da motivação dos funcionários.[18]

A pesquisa apresentou uma forte relação entre confiança e comprometimento dos funcionários e entre confiança e indicadores de confiança.[19] As escalas de confiança apresentaram uma forte correlação com os *indicadores de confiança*, bem como com as três escalas de *comprometimento* dos membros da equipe.[20]

As escalas representando os *indicadores de confiança* apontam elementos de natureza comportamental que possuem também um forte teor moral.[21] Os baixos níveis de confiança encontrados na Nova Economia mostraram igualmente baixa "consistência" como expectativa de reciprocidade e confiabilidade em superiores e gerentes. Da mesma maneira, essas escalas indicaram uma baixa percepção por parte dos funcionários na veracidade da comunicação entre superiores e subordinados e baixa expectativa de cumprimento de promessas feitas. Essas escalas indicam ainda baixo envolvimento dos funcionários no processo de decisão e baixo empoderamento. Ou seja, eles pouco participam das decisões e não interferem em processos decisórios que possam atingi-los.

Rotatividade de empregados

Os dados do estudo confirmam a premissa de que as empresas da Nova Economia com relativos baixos níveis de confiança apresentam altos níveis de rotatividade de empregados. Em oposição, os dados confirmam que as empresas da Velha Economia com altos níveis de confiança apresentam igualmente baixos níveis de rotatividade. Esses dados evidenciam que a baixa probabilidade de encontros repetidos entre agentes, e consequentemente a baixa expectativa de interações entre eles, aumenta a probabilidade crítica de deserção (ou comportamento oportunista), reduzindo a probabilidade do desenvolvimento de relacionamentos de confiança. As taxas de rotatividade das empresas estão relacionadas à gestão da cultura organizacional e possuem uma forte relação negativa com a satisfação dos empregados com o trabalho, a remuneração, a supervisão e o comprometimento organizacional.[22]

A rotatividade pode ser problemática quando se visa a cooperação dentro das empresas.[23] Os custos de rotatividade de empregados estão associados ao sistema de compensação e decisões sobre a contratação de novos colaboradores e a manutenção dos mais antigos, incluindo os custos de treinamento e a possível redução da produtividade pela inexperiência dos que acabaram de ser contratados. É difícil precisar os efeitos sobre o desempenho de uma organização de forma não ambígua, no entanto, alguns fatores influenciam a manutenção de um equilíbrio entre novos e velhos membros da equipe.[24] Por exemplo, a rotatividade pode ser justificada em indústrias operando sob rápidas mudanças tecnológicas, quando a aquisição do conhecimento sobre novas tecnologias está relacionada aos novos contratados, ou quando a capacitação da mão de obra está relacionada a mais programas formais, fora da empresa, do que ao aprendizado interno. Por outro lado, se os funcionários esperam trabalhar para uma empresa por um curto período de tempo, é menos provável que se comprometam com a sustentabilidade econômica da empresa a longo prazo.[25] Em outras palavras, as perspectivas de curto prazo aumentarão as chances de comportamentos oportunistas. Além disso, a rotatividade de empregados enfraquece a cultura corporativa, uma vez que os recém-chegados não possuem a mesma informação e socialização que os que estão na empresa há mais tempo.[26]

Vale observar que em determinados contextos organizacionais pode ser possível que a gestão de contratos de trabalho de curto prazo e altas taxas de rotatividade seja mais eficiente. Nestes casos, tal política deve assegurar que os benefícios esperados sejam maiores do que os benefícios adquiridos pela adoção de mecanismos sociais, como a confiança. Algumas evidências empíricas revelam uma relação negativa entre o comprometimento dos funcionários, o absenteísmo e a rotatividade,[27] e também uma relação negativa entre a confiança e a rotatividade.[28]

O estudo confirma a existência de menores níveis de comprometimento dos funcionários nas empresas que operam na Nova Economia. Em outras palavras, uma relação menos emocional com a empresa, maior propensão em deixar o emprego e um menor sentimento de obrigação ou dever para com a mesma. Igualmente, essas escalas sugerem uma baixa socialização dos colaboradores no ambiente de trabalho e uma cultura corporativa menos apta a lidar com mudanças. Por fim, observamos nesse conjunto de variáveis uma menor motivação e satisfação dos empregados, e menor preocupação dessas empresas com a retenção de sua equipe. A figura 23 apresenta os resultados gerais de nossa pesquisa.

A relação entre níveis e indicadores de confiança, comprometimento e rotatividade dos empregados nos revela a imagem da gestão dos contratos relacionais dentro das empresas da Nova Economia. Em geral, as condições de trabalho são marcadas por grande instabilidade no trabalho e pela incerteza. Tais elementos justificam os baixos níveis de confiança interpessoal, motivação e satisfação, e altos índices de rotatividade encontrados na pesquisa. Além disso, o ambiente institucional de alta incerteza e competitividade da Nova Economia mostra-se mais suscetível a práticas antiéticas e outros tipos de problemas de ordem sociopsicológica que ainda devem ser investigados.

Figura 23 – Resultado geral da pesquisa

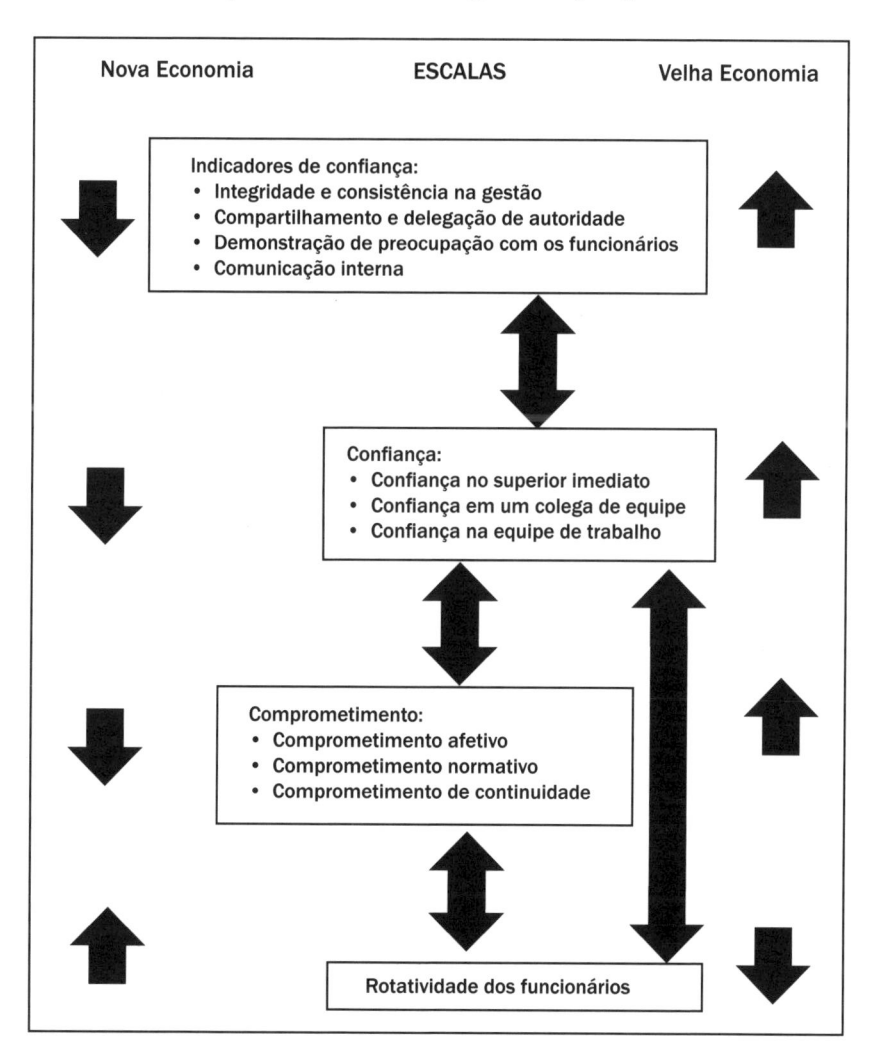

| Nova Economia | ESCALAS | Velha Economia |

Indicadores de confiança:
- Integridade e consistência na gestão
- Compartilhamento e delegação de autoridade
- Demonstração de preocupação com os funcionários
- Comunicação interna

Confiança:
- Confiança no superior imediato
- Confiança em um colega de equipe
- Confiança na equipe de trabalho

Comprometimento:
- Comprometimento afetivo
- Comprometimento normativo
- Comprometimento de continuidade

Rotatividade dos funcionários

2 | KIMBERLY-CLARK BRASIL: CONFIANÇA PARA A GESTÃO DA MUDANÇA*

Em 2002, quando o executivo paulista João Damato assumiu a Kimberly-Clark Brasil ele ouviu a seguinte pergunta do *chairman* da matriz nos Estados Unidos: "O Brasil é um país para se investir?" O grupo havia chegado ao Brasil nos anos 1980, desistido, e retornado em 1996, somando inúmeros insucessos. Na época, a pergunta mexeu com o orgulho do brasileiro João Damato e com sua competência como executivo ante a um grande desafio. Ele também queria provar que o Brasil era sim um excelente país para se investir. Quando Damato assumiu, a empresa apresentava um cenário tenebroso: sérios problemas financeiros, cultura da produção a qualquer preço, perdas de *marketshare*, margens baixas, caixa baixo e virtualmente insolvente. Mas a pior realidade que encontrou veio de uma outra pergunta, quando ainda estava no processo seletivo: "Você sabe lidar com um time derrotado?"

Damato encontrou uma empresa com muitas disputas internas, uma equipe desmoralizada, um clima organizacional muito ruim e uma baixíssima capacidade de atrair

---

*Texto publicado originalmente na revista *HSM Management* de novembro e dezembro de 2013. (*N. do A.*)

pessoas. De fato, ninguém queria trabalhar lá. Primeira constatação na realidade que enfrentou: um negócio de reputação ruim tem dificuldades para criar a coalisão inicial necessária para acender uma chama de esperança. Naquele momento a orientação da matriz nos Estados Unidos era: "Se não for possível, não se desgaste, feche as portas!"

Essa proposta era tudo o que ele não queria ouvir. O executivo então optou pela seguinte estratégia: a confiança como base para o compartilhamento de sonhos, oportunidades e riscos. Adotou dois movimentos.

O *primeiro movimento* foi criar uma equipe que estivesse 100% comprometida com um sonho comum. Uma tropa de elite, que acreditasse que de fato era possível reverter o quadro de derrota, e que deveria trabalhar além do que se poderia vislumbrar. Muitos executivos concordam que não é possível empreender um movimento inicial sem uma causa compartilhada, pois a coalisão daqueles que assumem uma motivação comum é muito mais forte do que meramente a soma das contribuições de cada indivíduo oriundas de seus interesses particulares.

Como naquele momento era muito difícil atrair talentos, Damato passou então a convidar pessoas de seus relacionamentos e vendeu um sonho comum. Em 2003 esse sonho começou a ser desenhado a 48 mãos (12 diretores e 12 gerentes selecionados) e foi denominado: *Visão 2008 — Liderança e Lucratividade*. Os cinco pilares que norteavam esse projeto eram: Inovação, Excelência em Gestão de Clientes, Competitividade Operacional, Talento e Engajamento e Imagem Corporativa.

Damato passou então a compartilhar os sonhos, as decisões e os riscos da empreitada. Reduziu níveis hierárquicos e deu autonomia para que os colaboradores tomassem decisões com rapidez. Sua crença inicial depois se provou um aprendizado: uma pessoa estimulada pelo desempenho individual age em benefício próprio, mas, em um ambiente justo, ela abre mão de parte de seus interesses e aprende a agir pelo bem coletivo.

O *segundo movimento*, paralelamente ao primeiro, foi definir uma estratégia eficiente de sobrevivência: ele promoveu a união das quatro empresas do grupo numa só operação e com foco total na diferenciação pela qualidade combinada com atenção à produção de baixo custo.

A Kimberly-Clark Brasil passou a adotar um programa de redução de ineficiências na organização, melhorando a relação carga/fretes, saindo de produtos de baixo valor adicionado, reduzindo itens de vendas, reduzindo estoques e capital de giro e implementando a cultura *Lean* em todos os sites da empresa.

Entre 2003 e 2004 a K-C Brasil executou na íntegra e dentro do prazo o projeto SAP. Entre 2006 e 2007, com a reestruturação da sua linha *Family Care* (papéis domissanitários), a empresa decidiu fechar duas fábricas – em Cruzeiro (SP) e Santo Amaro (BA). Abandonou produtos não rentáveis e de baixo valor percebido e focou suas energias em produtos diferenciados. Os 700 itens de produção/vendas originais caíram para cerca de 300. O que se criou foi uma verdadeira obsessão por cortar custos extras. Feito em equipe, com cada um entendendo a importância dessa ação, a tarefa fez todo o sentido e se tornou uma missão comum.

A decisão pelo foco em produtos de alto valor agregado, abandonando os mercados de briga de preços, solicitava inovação, e, para tanto, era necessário dar autonomia às pessoas na empresa para que tivessem toda a liberdade para opinar e buscar saídas inovadoras. Inovar se traduziu em pensar à frente, propor melhorias em processos, produtos e no modelo de gestão. A lógica adotada foi do erro honesto: é necessário errar para acertar. Essa estratégia é possível apenas quando se confia no caráter de cada membro e no engajamento da equipe. Quando avalia a saga de 12 anos, João comenta: "Erramos muito para poder acertar, mas acertamos muito mais que erramos..."

A *Visão 2008* foi refinada em discussões com diretores, gerentes e colaboradores e, em 2009, transformada em *Visão 2015*, que finalmente foi resumida na seguinte frase: *"Ser um modelo de liderança, resultados e responsabilidade social, melhor empresa para trabalhar no Brasil e uma fonte de imenso orgulho para todos nós."* "Esta frase serve de bússola para que busquemos o norte", disse Damato. "Todas as nossas revisões de progresso são feitas em relação às metas contidas nessa frase."

A prática adotada por Damato, de compartilhar os riscos e os desafios com sua equipe, tornou-se parte da cultura da K-C Brasil, tal a forma que passou a ser incorporada no cotidiano da empresa. A soma das inteligências no processo de tomada de decisão até hoje tem se mostrado uma prática que aumenta as chances de sucesso e motiva as pessoas a assumirem a responsabilidade pela direção tomada coletivamente. Aqueles que possuem a responsabilidade de tomar decisões, apesar de continuarem a responder formalmente, passaram a entender que somar é mais valioso. Essa prática que apodera a equipe foi contagiosa. Até mesmo o programa de estagiários é distinto. (No início de 2013 fui visitar a empresa. Chegando mais cedo do que hora marcada decidi assistir à apresentação dos estagiários. Era impressionante observar diversas apresentações de 15 minutos, de jovens de 20 a 22 anos de todo o Brasil fazendo análises sofisticadas de mercado e tomando decisões ainda tão jovens.)

O Caso Kimberly-Clark Brasil ilustra muito bem a criação do *contexto capacitante* para a inovação e para a qualidade como diferencial estabelecido sobre um pacto ético que firma a confiança como um contrato inviolável entre as pessoas, sejam elas diretores, gerentes, colaboradores, fornecedores e clientes. A constatação do sucesso desse modelo pode ser avaliada por quatro indicadores de gestão:

1) **Desempenho financeiro** – Em 2002, o grupo faturava 260 milhões de dólares, possuía suas linhas de crédito suspensas e um patrimônio negativo. Já em 2003, Damato e sua equipe reduziram em 56% o capital de giro e nunca deixaram de honrar compromissos financeiros assumidos. O sonho ambicioso construído a 48 mãos vislumbrava chegar em 2008 com um faturamento de 513 milhões e com 12% de crescimento médio anual[29] pela expansão de *marketshare* nos segmentos em que atuava. Em 2008, a empresa fechou seu balanço com o faturamento de 711 milhões, quase 50% acima dos planos e cresceu a 18% ao ano!

2) **Ambiente de trabalho** – Em 2002, o índice de confiança medido pela Great Place to Work era de 58%, em contraste com os 80% que representam a média das 100 melhores empresas para se trabalhar. Em 2003, o índice de confiança da K-C Brasil subiu para 68%, em contraste com os 80% da média das 100 melhores. Em 2007 alcançou 73%, em comparação com os 82% das 100 melhores; em 2008 sobe para 87%, ultrapassando a média do índice de 82% das 100

melhores. Em 2010, 2011, 2012 e 2013 o índice de confiança da K-C Brasil apresentou-se respectivamente em 90%, 92%, 93% e 90%, sempre superando a média das 100 melhores empresas para se trabalhar no Brasil, entre 2010 e 2013 a K-C Brasil esteve entre as três melhores do país.

Figura 24 – Índice de confiança da K-C Brasil

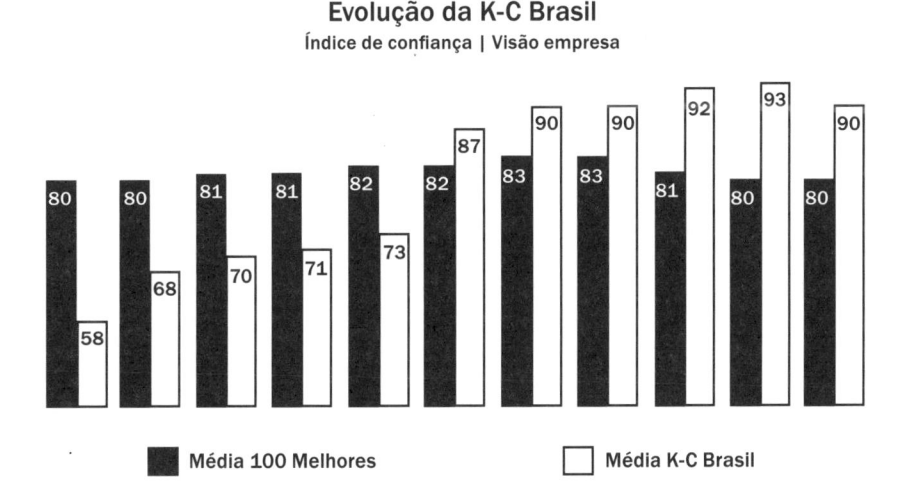

Evolução da K-C Brasil
Índice de confiança | Visão empresa

■ Média 100 Melhores   □ Média K-C Brasil

3) **Níveis de acidentes de trabalho** – Índice confiável de gestão, quando uma empresa apresenta níveis de acidentes de trabalho muito baixos, significa que muito foi feito em termos de refinamento de normas e regras na disciplina operacional, de forma que o valor da segurança e da vida estejam protegidos. Em 2002, o índice de acidentes da K-C mundial era próximo do índice da K-C Brasil, chegando a 1,2 afastamento por ano. Naquele mesmo ano o índice da K-C América Latina era de aproximadamente 0,8%. Em 2012, passados 10 anos, o índice da K-C Brasil chegou a 0,08%, muito abaixo do índice da K-C mundial, de 0,23, e da K-C América Latina, de 0,18.

4) **Sustentabilidade e inclusão social** – Em um país de desigualdades acentuadas quanto à participação na força de trabalho e remuneração, a K-C Brasil apresenta uma mudança surpreendente. De 2006 a 2012, o índice de mulheres na força de trabalho aumentou de 16% para 27% e a proporção de mulheres em cargos de liderança aumentou de 20% para 37%. Em 12 anos, 537 estagiários foram contratados. Dos 125 estagiários do programa de 2013, 140 foram contratados, e 14 assumiram cargos de liderança. Em 2012, a K-C Brasil foi eleita empresa campeã em Responsabilidade Socioambiental pela revista *Época*. Em 2010, a K-C Brasil recebeu o prêmio de "Fornecedor mais sustentável" pelo Walmart. Nos anos de 2011 e 2012, a empresa foi listada pelo *Guia Exame* entre as 20 Empresas Modelo em Sustentabilidade do Brasil, recebendo também o Prêmio ECO do *Valor Econômico* e AmCham.

Esses indicadores de gestão isolados podem apresentar um significado relativo, mas, juntos, compõem um modelo de sucesso, tendo como embrião a ética da confiança. O grande valor da gestão, bem reconhecido pelos funcionários da K-C Brasil, foi o de preservar o pacto de confiança entre líderes e colaboradores ao longo dos anos. Esse pacto extrapola os limites da empresa e passa a regular as relações entre os demais *stakeholders*, se tornando um patrimônio comum a todos.

A K-C Brasil tira valiosos aprendizados desse tempo, um deles muito importante: as melhores empresas para se trabalhar são, na realidade, as mais justas, nas quais os indivíduos compartilham metas e desafios comuns promovendo a soma das inteligências e das contribuições das pessoas em uma mesma direção, gerando cooperação voluntária e ultrapassando as expectativas.

Confiança para os membros da K-C Brasil significa acreditar na competência para realizar a tarefa e no caráter das pessoas que se unem nessa empreitada. A confiança combinada com o senso de justiça e a meritocracia passam a regular contratos e relações pessoais, gerando ganhos coletivos.

Damato confessou que o modelo o surpreendeu. É um belo exemplo de cultura organizacional em que se aprende a trabalhar os traços da cultura brasileira de forma positiva, tornando-se um caso de sucesso internacional. Não sem razão, Damato reserva uma parte de seu tempo hoje apresentando essa saga da confiança para resultados. A história da K-C Brasil é vista dentro da Kimberly-Clark Corporation como um exemplo de mudança consistente e duradoura para uma cultura de alta performance.

A consagração da cultura da gestão Kimberly-Clark Brasil é reconhecida pela imprensa, pelos colaboradores e pela K-C mundial. De 2002 a 2012, a empresa brasileira recebeu 11 prêmios globais de finanças dados pela Kimberly-Clark dos Estados Unidos. A rede Walmart escolheu a K-C Brasil como a melhor Kimberly-Clark do mundo, ao passo que mais de 100 clientes elegeram-na como "fornecedor do ano" no período de 2002 a 2012. Hoje, é uma das maiores empresas do Brasil, com mais de 5 mil colaboradores trabalhando em cinco fábricas espalhadas pelo país. Campeã ou vice-campeã em todos os mercados que compete, a Kimberly-Clark Brasil foi eleita em 2014 uma das melhores empresas para se trabalhar no país, além de ser um modelo de sustentabilidade.

3 | O BOPE E A EXCELÊNCIA OPERACIONAL*

O Bope (Batalhão de Operações Policiais Especiais) é uma unidade de operações especiais da Polícia Militar do Estado do Rio de Janeiro. Fundada em 1978, conta com cerca de 550 policiais operacionais. O Batalhão possui um trabalho intenso em áreas de alto risco no combate ao tráfico de drogas infiltrado nas favelas cariocas, com fortes características de guerrilha urbana. Para isso, desenvolveu uma tecnologia de progressão em favelas que se tornou mundialmente conhecida. Tornou-se frequente a visita de membros de outras equipes nacionais e estrangeiras ao Bope. Chamam a atenção na especificidade do trabalho desses policiais os riscos diários, a pressão psicológica constante, o estresse físico e mental das operações e a necessidade de conjugar velocidade de ação em cenários imprevisíveis e de grande perigo com coordenação para a ação em equipe e capacidade de ouvir, interpretar e obedecer a comandos.

---

* Texto publicado originalmente na revista *HSM Management* de novembro e dezembro de 2011. (*N. do A.*)

Excelência operacional

A conquista da excelência operacional exige a competência gerencial para criar uma cultura própria e uma doutrina operacional que seja única e eficiente ao seu modo. Doutrina é a palavra certa quando falamos de um padrão de excelência porque traz em si a ideia de aspectos intangíveis essenciais. Um padrão de excelência operacional não pode ser arquitetado apenas por meio de boas normas, processos e técnicas. É necessária uma *cultura de excelência com base na confiança*. Especialmente quando as tarefas a serem realizadas exigem risco e incerteza, é necessário reconhecer o papel fundamental da missão e da confiança recíproca focada em princípios e valores compartilhados que promovem a concordância das inteligências e orquestram a ação coletiva. Frente ao alto risco, uma doutrina formada por esses elementos que constituem o núcleo da cultura de excelência informa ao sujeito por que e como agir para realizar a sua tarefa da melhor forma, sem a necessidade do comando e controle direto, seja lá quais forem os desafios da operação. Tais princípios e valores, alinhados a boa técnica, permitem maior autonomia e liberdade para a ação.

A construção de uma cultura de excelência requer das lideranças a capacidade de compreender o papel da organização em seu contexto, identificar a sua missão diante dos desafios impostos pelo ambiente que justifique a razão de sua existência e, a partir disso, criar normas, processos e técnicas para conquistar seus objetivos de curto, médio e longo prazo, que se traduzem numa entrega consistente de valor.

Forças especiais

Equipes de forças especiais como o Bope são resultantes da necessidade de criar formas mais eficientes e eficazes de coordenação diante do aumento da complexidade dos desafios impostos pelo contexto. Elas nasceram como as conhecemos hoje durante a II Guerra Mundial, com a finalidade de empregar recursos pontuais para alcançar resultados mais significativos que poderiam alterar o curso de uma batalha, ou da própria guerra. A lógica consiste em aplicar recursos de maneira concentrada, por meio do uso da informação, para alcançar resultados bem superiores àqueles que seriam alcançados pelas forças convencionais. Com o tempo, essas equipes se especializaram segundo os desafios específicos (ações antiterrorismo, resgate de reféns, combate em locais de alto risco, operações antidrogas, e outros). Os resultados obtidos por essas equipes são surpreendentemente superiores a qualquer força convencional.

O perfil dos membros das equipes de forças especiais em geral pode ser bem diferente da ideia que fazem as pessoas mais distantes da realidade dessas organizações. Certamente as operações especiais exigem dos combatentes bom conhecimento técnico para o manuseio de equipamentos de tecnologia avançada e um excelente preparo físico, mas acima de tudo, o princípio essencial nessas operações é o notável preparo psicológico. Os melhores resultados não são conquistados apenas pela coragem de seus membros em realizar a destruição dos meios de combate do inimigo, mas, acima disso, em eliminar das tropas inimigas qualquer vontade de combater. Isso exige a capacidade de autocontrole do policial de operações especiais e o exercício constante da disciplina.

A experiência adquirida ao longo dos anos confere às equipes de forças especiais uma excelência incomum. Um equívoco é associá-las à gestão da hierarquia militar convencional, ou, ainda, à gestão da burocracia pública, sem que se compreenda a riqueza de conhecimentos e técnicas que podem facilmente servir como fonte de inspiração e aprendizado para as empresas privadas.

Figura 25 – Elementos centrais da gestão do Bope

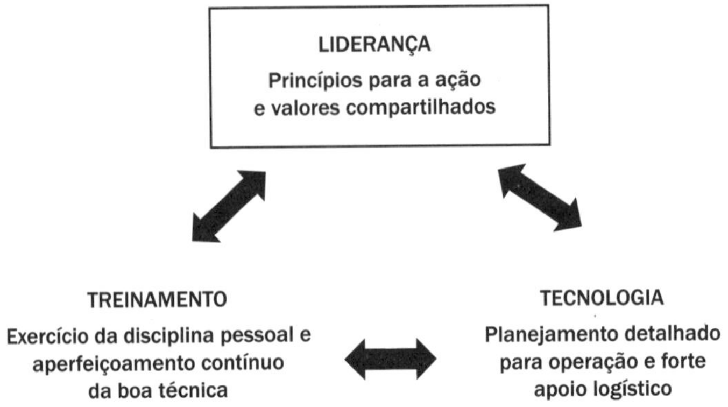

```
              LIDERANÇA
          Princípios para a ação
         e valores compartilhados


  TREINAMENTO                    TECNOLOGIA
Exercício da disciplina       Planejamento detalhado
  pessoal e                   para operação e forte
aperfeiçoamento contínuo         apoio logístico
     da boa técnica
```

CARACTERÍSTICAS DA GESTÃO DE EQUIPES NO BOPE

A gestão das equipes do Bope pode ser resumida em alguns elementos essenciais que encontramos em nosso estudo. Identificamos sete itens que garantem a coesão necessária para o alcance de resultados:

1) Orientadas pela missão

A característica central das equipes do Bope é sua orientação para a missão. Compreender a força do vínculo que é estabelecido entre os membros dessas equipes pela exposição frequente ao risco de morte e as representações da realidade para a ação com base numa missão é essencial para entendermos a coordenação das equipes operacionais. Certamente, a efetividade da liderança em qualquer organização não depende apenas de suas competências técnicas, mas também de suas habilidades interpessoais para promover entre seus liderados o compromisso com a estratégia e aceitação das metas, como afirmam as teorias tradicionais de liderança. No caso do Batalhão, é necessário compreender a relação entre o significado para a ação coletiva como a variável que imprime legitimidade à ação do líder. Ou seja, essa organização difere-se de outras em decorrência do peso central do significado e sentido para a ação e por sua relação com os vínculos entre indivíduos. A exposição ao risco de morte extremo, o perfil combatente e a devoção à causa comum e da missão são elementos centrais para a sua análise.

Uma vez que tenha pertencido ao Batalhão, o policial carrega isso com ele para sempre. A construção do vínculo de confiança nessas equipes tem como base um forte significado social que fortalece o sentimento de orgulho de pertencimento, missão pessoal e lealdade, enquanto a identidade se firma no combate lado a lado com pessoas que muitas vezes arriscaram suas vidas para salvar um companheiro. Logo, o pacto é estabelecido sob a premissa de vida e morte. A antropologia ensina que grupos coesos que se formam com forte identidade coletiva estão sujeitos a uma ameaça externa. À medida que os desafios crescem e vão se transformando e se especializando, também crescem essas equipes em excelência operacional.

A missão declarada do Bope é intervir e resolver situações extremas, que ameaçam sair ou estão fora de controle. Nas paredes do comando lê-se "missão dada é missão cumprida", remetendo a um espírito altivo que afirma não haver missão impossível. Os integrantes do Batalhão sabem que representam a última instância para resolver problemas críticos e conflitos entre a sociedade e o crime organizado. Não há outra instância a recorrer. Sua missão inclui libertar todos aqueles que vivem sob a opressão e a ameaça do crime, grupos ilegais e organizações que, pela força, tentam exercer poderes paralelos ao Estado. O combate em si não é o fim pelo qual atuam os policiais, mas um meio de cumprir sua missão e libertar os cativos que vivem sob esse tipo de ameaça. Melhor sempre evitar o confronto direto, quando possível, mas o combatente sabe que, acima de tudo, deve cumprir sua missão, mesmo sob a ameaça de morte. A doutrina e a técnica asseguram o sucesso no cumprimento de seu dever.

2) Processo seletivo

Em geral, todas as forças de operações especiais possuem rígidos mecanismos de seleção, e assim é no Bope. Pertencer ao grupo significa necessariamente ter sido aprovado num processo rígido de seleção, cujo objetivo é identificar entre os aspirantes aqueles que possuem as competências desejadas para continuar na equipe. Não basta ter bom preparo físico, boa técnica e revelar um bom caráter. Para que uma equipe de operações especiais consiga manter seu padrão de excelência, é necessário que os escolhidos tenham as precondições de um combatente, ou seja, coragem, equilíbrio emocional, constância e força de vontade.

Clausewitz (1996) comenta a necessidade do *espírito da guerra*, como uma propriedade singular e condição *sine qua non* para um bom combatente. Em nossas investigações identificamos essa mesma propriedade como atributo necessário aos ingressantes. Aqueles que porventura são aprovados e posteriormente não alcançam o padrão de excelência serão eliminados pelas lideranças ou mesmo por seus próprios pares. Os indivíduos que conseguem entrar por motivos que não a vontade de pertencer e buscar a sua doutrina acabam pedindo para sair, pois não conseguem acompanhar o ritmo das operações e treinamentos.

3) Excelência do conjunto

Um dos valores centrais da organização é *o espírito de corpo*. Este é um valor que exprime a cada membro que a tropa é formada por indivíduos únicos, mas que a vitória somente é possível por meio do trabalho em equipe. Geralmente, forças de operações especiais não se caracterizam por grupos compostos pela soma de talentos isolados, mas por um *corpo*. A excelência está no conjunto composto por uma relação de interdependência, no qual o bem comum deve prevalecer sobre as ações individuais. Na operação não há espaço para o egoísmo. Cada um deve ter a consciência de que seus atos têm consequências para a segurança e o bem-estar da equipe. A coragem, a alta especialização e a competência de cada membro fazem dessas sociedades organizações sem precedentes na capacidade de construir vínculos fortes entre seus membros. Isso só é possível porque, na prática, todos percebem a importância vital de ser uma equipe e de agirem como tal. Alguém isolado, tomando decisões por si mesmo, tentando sobreviver em combate e testando seus limites além do razoável, assume riscos de forma insensata, tornando-se um elo frágil e fragilizando toda a equipe.

4) Treinamento intensivo

Há uma diferença marcante entre a intensidade de treinamento das equipes de operações especiais e as demais equipes das forças convencionais. Tendo em vista que esse ritmo diminui os riscos das operações, o resultado é que o número de baixas para o Batalhão é pequeno em relação ao número de combates com perigo à vida. O treinamento das forças especiais não é apenas a repetição contínua de movimentos, mas também o exercício do uso da razão para controle das emoções em momentos de alto risco. No Batalhão, o medo e o erro são encarados como naturais e inerentes a qualquer ser humano. Negá-los é um grande equívoco e sinal de um estado psicológico inadequado para o combate. Não reconhecer e não saber lidar com o medo e com a possibilidade do erro é eliminar a viabilidade da construção da excelência operacional. Trabalhar o medo e o erro constitui um treinamento contínuo para as operações.

5) Sucessão

Em geral, nas equipes do Bope, dificilmente alguém consegue assumir o comando com legitimidade apenas por força de um decreto. Em uma organização com cultura coesa e orientada por valores próprios, a legitimidade do comando tem um peso motivacional fundamental para a manutenção do comprometimento de seus membros e dos padrões de excelência nas operações. De forma geral, o comando é dado àqueles que demonstram disciplina pessoal, autocontrole e liderança em situações de perigo. Essas habilidades são adquiridas por aqueles que já passaram por várias operações e possuem experiência em combate, tornando-se potencialmente os líderes e instrutores das equipes.

6) Transparência e punição

Em qualquer sociedade de confiança os mecanismos de punição estão sempre presentes. Eles não precisam ser aplicados, mas sua iminente ameaça deve ser o suficiente para inibir o comportamento oportunista e criminoso. Os artifícios de punição mais presentes nessas equipes são os horizontais, pois os próprios pares inibem o indivíduo de agir de forma inapropriada. Mesmo aqueles que são considerados excelentes tecnicamente, quando apresentam falhas de caráter, indícios de corrupção ou lhes falta lealdade ao grupo, são punidos severamente, muitas vezes levados ao afastamento definitivo do grupo, o que é considerada a maior punição para um policial de uma equipe de operações especiais.

Ser expulso do grupo de elite é ser destituído de uma conquista que não se alcança pela indicação pessoal e não pode ser comprada.

7) Motivação

Quando pensamos a questão da motivação para a ação nas unidades de operações especiais, encontramos um paralelo com o mundo empresarial no sentido de que, para promover o empreendedorismo, faz-se necessário resgatar o desejo de ação e desconstruir a disciplina de submissão dócil ao poder. O empreendedor é o guerreiro, é aquele que se projeta à ação, dotado não apenas da capacidade de ser responsável (na acepção que este termo normalmente assume, de fazer aquilo que tem de ser feito), mas no sentido de lançar-se à batalha e à disputa.

As disposições subjetivas do empreendedor aproximam novamente os estudos sobre as entidades econômicas daqueles sobre as organizações militares. No sentido de que, estas também se esforçam por formar líderes e empreendedores, questão fundamentalmente distinta da formação do funcionário consciencioso e trabalhador. A questão da relação entre a construção dessas disposições subjetivas e a lógica da ação empreendedora pode ser mais bem-pensada quando refletimos sobre o papel da liderança e da cultura na promoção dos contextos que capacitam a ação individual.

Isto reforça a inadequação das teorias tradicionais de motivação no novo contexto. O "motivar" dessas teorias coloca o inferior hierárquico na posição submissa de ter que ser motivado por quem está no poder ou pela liderança, mas não explica, em nenhum momento, por que estes sujeitos caíram na situação de precisar que alguém lhes motive. Esta não é uma questão que líderes possam furtar-se a tentar responder, uma vez que, se essas pessoas precisam ser constantemente chamadas à ação, há algo inadequado na sua posição, que lhes convoca à submissão e à paralisia, o que é grave, especialmente se concordarmos que a gestão na era do conhecimento tende a ter hierarquias cada vez mais reduzidas.

Ao contrário do lugar-comum nas empresas burocráticas, nas quais o novo contratado recebia uma descrição de funções e rotinas de trabalho a serem cumpridas, nas novas organizações o funcionário é confrontado com problemas para os quais se espera que ele contribua encontrando as soluções mais adequadas. As oportunidades virão do tipo de solução que ele souber desenvolver. Na realidade, muito da literatura em gestão de pessoas aponta para a importância desta autonomia e relaciona esta capacidade à constituição de disposições subjetivas.

Orientação moral e valores em prática

A convivência com as equipes de operações especiais mostrou que o processo seletivo nessas unidades busca separar os aptos dos inaptos não somente pelo preparo físico e psicológico, mas pelo reconhecimento dos atributos essenciais de um combatente como caráter, predisposição para o combate, honra e coragem. Há, porém, junto a isso, uma escolha pessoal por uma orientação moral que precisa ser feita pelo indivíduo: a adesão incondicional a valores que criam um pacto ético numa comunidade de guerreiros. Aqui há um paralelo interessante para a gestão empresarial. Atualmente, o mundo corporativo é marcado por padrões de comportamento ambíguos que geram reputações duvidosas. O mundo do trabalho está sedento por expressões legítimas de ações com base em valores que possam construir um ambiente produtivo onde as pessoas podem encontrar espaço para trabalhar em seu nível de competência máxima. Atitudes desprovidas de sentido e orientação moral geram conflitos pessoais e uma atmosfera de grande descrédito quanto à capacidade de criarmos ambientes que realmente possam produzir resultados superiores pautados em valores éticos sustentáveis.

Ao ingressar em uma unidade de operações especiais, o combatente toma uma importante decisão pessoal pela construção de sua carreira profissional fundamentada numa missão. Optar pela missão significa combater o bom combate. Há aqui uma postura moral que se coloca no cerne da formação dos combatentes de operações especiais. Não há recompensa material que justifique aceitar tamanhos riscos. Somente a satisfação pelo cumprimento da missão confiada importa. O policial combatente não deve ceder à corrupção, ao dinheiro fácil e desonesto, porque isso significa autoexclusão. Ser um combatente é, antes de tudo, ocupar um espaço moral. E esta é a propriedade fundamental nas equipes do Bope, capazes de construir padrões de excelência no cumprimento da missão e no alcance de resultados.

Essa escolha é, porém, a escolha de qualquer homem que busca conhecer a si mesmo e faz uma opção consciente. É uma escolha ao alcance do gestor ou executivo, que decide ocupar seu espaço moral como líder, pai de família ou colega de trabalho. Geralmente atribuímos também a essa qualidade ética o significado da liderança. Note-se que esta opção vem sempre acompanhada da predisposição ao autossacrifício e à disciplina pessoal.

O conjunto dessas escolhas pessoais e a interdependência para o bom desempenho do coletivo criam as bases para a exímia execução. Portanto, em qualquer organização que envolva atividade humana, um padrão de excelência operacional não pode ser arquitetado somente por meio de boas normas, processos e técnicas. Especialmente quando as tarefas exigem maior especialização, risco e incerteza, é necessário reconhecer na prática o papel fundamental dos princípios e valores compartilhados que promovem a concordância das inteligências e orquestram a ação coletiva. Tais princípios e valores, alinhados à técnica, permitem maior autonomia e liberdade para a ação.

Abaixo apresentamos os valores compartilhados no Bope.

Os pilares da excelência operacional no Bope: valores compartilhados

Como toda organização que conquista um padrão de excelência, os pilares de sustentação do Bope não estão construídos apenas sobre a qualidade dos armamentos ou pela técnica, mas, sobretudo, sobre os princípios e valores que orientam a ação coletiva desde sua fundação e coordenam a operação da equipe. São os valores centrais desse grupo, praticados desde a sua fundação nos anos 1970, que constroem a sua identidade e são transferidos como um DNA a cada nova geração que se apresenta. Os valores do Bope são:

Agressividade controlada – este valor central está fundamentado no princípio: *"A técnica suplanta a força."* O uso da força é um recurso possível e deve ser utilizado posteriormente ao uso da razão, que precisa operar em primeiro lugar, buscando a melhor resposta de acordo com as circunstâncias presentes.

Controle emocional – manter-se sóbrio e lúcido para tomar decisões, mesmo frente a conflitos e em momentos de extrema agonia. Em especial em situações de combate quando é possível ter companheiros atingidos gravemente, o combatente deve manter-se relativamente calmo para que a sua decisão seja a mais assertiva possível, seguindo as instruções recebidas. Controle emocional é não permitir que o pânico e o medo levem o policial a agir de forma precipitada, colocando sua vida em risco e arriscando toda a equipe. Para isso é necessário ter uma visão "organizacional" da missão. É preciso encontrá-la, desenvolvê-la e agarrar-se a ela. Gerenciar o tempo. Construir consenso, fazendo que uma visão pessoal seja aceita pelo grupo. Encorajar debates e discussões e não se sentir ameaçado por desacordos e divergências de opinião. Tomar decisões claras, pois orientam e asseguram a compreensão, e não deixam margem para discussões. Assumir o comando quando necessário.

Disciplina consciente – todo combatente sabe que deve travar uma batalha consigo e, portanto, deve adotar uma disciplina pessoal rígida. Ele aprende que para se atingir a excelência na execução da tarefa é necessário um condicionamento que possa estimular a força de vontade para vencer o desconforto e a tendência ao relaxamento, próprios da natureza humana. Essa disciplina é conquistada na execução das tarefas rotineiras do dia a dia. O cuidado com o que é externo ajuda a construir o preceito interno. Muitas vezes a disciplina consciente é exercitada na execução de tarefas ordinárias que visam o bem comum. A constante limpeza das armas do Batalhão exercita o espírito de serviço e a humildade necessários para alcançar um nível de consciência superior, entendendo que toda missão exige reflexão e autocontrole. Sempre se esforçando para ser tática e tecnicamente proficiente em tudo, o combatente certamente desempenhará bem um papel em condições desfavoráveis. Dizer não à complacência. Que nunca seja dito que a organização fracassou porque o melhor não foi feito.

Espírito de corpo – é um valor central no Bope e vai bem além da formação convencional de uma equipe de trabalho. Revela que a força de um integrante nunca estará nele mesmo, mas em seu grupo, e que essa força deve se submeter à razão e à técnica. Este valor está fundamentado na crença de que o Bope é o lugar onde pessoas diferentes que perseguem os mesmos valores e adotam os mesmos princípios se reúnem para realizar algo maior. Significa que o policial não constrói absolutamente nada sem uma missão em comum. Ter um objetivo partilhado, treinar e operar juntos e fortes laços de interdependência constroem a excelência operacional. Mais importante do que o indivíduo é a sua missão e as pessoas encarregadas em cumpri-la.

Flexibilidade – este valor está bastante relacionado às questões operacionais. É a capacidade desejada de se adaptar às diferentes nuances da missão a ser cumprida, utilizando para isso os princípios e as técnicas de combate. Não se deve adotar modelos de ação repetitivos ou criar "zonas de conforto", mas alternar rotinas, espaços e contextos. Para agir assim, o combatente deve buscar respostas nos princípios para ação e na técnica. Não deve se deixar levar por uma rotina operacional repetitiva que consome sua energia. Tudo o que o combatente tem a fazer é preparar a si mesmo e a sua equipe para o sucesso da missão e para a sobrevivência.

Honestidade – não se pode aceitar a mentira, o roubo e o engano, porque são incompatíveis com o espírito daqueles que travam o bom combate. Honestidade não somente em relação aos outros, mas principalmente consigo. A adoção deste valor está focada na crença de que só é possível ser honesto com o outro quando se consegue ser honesto consigo mesmo. Esse valor opera como um mecanismo interior de segurança, pois todo combatente que deseja cumprir sua missão com perfeição deve reconhecer como se encontra o seu estado de espírito no momento, avaliar se está preparado para cumprir a missão que lhe é confiada. Questionar a necessidade e a validade do risco e, se necessário, propor alternativas. As regras do jogo devem ser claras. É necessário que o combatente sempre se responsabilize por tudo que fizer. Cada um será responsabilizado pelas suas ações de acordo com suas posições individuais.

Iniciativa – ser consistente em suas atitudes para manter boa conduta e foco. Nunca recear tomar uma posição moral ou ética sobre algo visto como o correto a ser feito. Ser proativo para se colocar no lugar e no momento certo. Não são aceitos erros por omissão. Antecipar-se à ação do inimigo e avaliar possíveis movimentos para que a batalha possa ser vencida. A iniciativa diz respeito também à construção do futuro. Partir para a ação é antecipar-se e colocar-se à disposição para agir e projetar um futuro desejado.

Lealdade – a lealdade entre os membros do Bope é um escudo e a principal característica do grupo. Em nossos estudos, as relações de confiança entre pares no Bope superaram qualquer outra já investigada numa pesquisa científica. A lealdade entre os integrantes blinda o grupo contra quaisquer possibilidades de oportunismo. De certa forma, a capacidade de reconstruir é algo muito difícil de se encontrar atualmente, uma característica altamente desejável em qualquer grupo social. Há um pacto de lealdade entre os membros do Bope que protege o grupo e o indivíduo ao mesmo tempo, e isso só é possível porque a conduta de todos é provada constantemente nas operações. Ela se baseia na escuta e na ajuda a um companheiro, a qualquer momento, na esperança recíproca de que tanto líderes quanto subordinados façam o mesmo.

Liderança – a liderança não está necessariamente relacionada ao ritualismo das patentes militares, mas é reconhecida como uma dimensão que todos devem possuir. Muitas vezes as lideranças formal e informal coexistem em harmonia. Esse equilíbrio é encontrado nas equipes de operações especiais, mas raramente se vê nas equipes convencionais. Ele surge por meio da consciência coletiva de que a hierarquia é importante para o sucesso das operações, ao mesmo tempo que o acolhimento e a admiração das virtudes de cada membro da equipe são reconhecidos e prezados pelo grupo. Durante as operações, o líder do Batalhão não deve estar permanentemente na linha de frente, pois também é importante que ele tenha conhecimento estratégico sobre a missão, algo para o qual deve ter experiência desde sua entrada nas forças especiais. Uma vez no comando, deverá se preservar para poder tomar decisões livre da pressão imposta pelas circunstâncias extremas da operação, pois suas decisões devem pesar na vida de todo o grupo.

Perseverança – para o comando significa buscar identificar o "centro de gravidade da organização", seu "ponto de equilíbrio", ou seja, o núcleo que dá à organização a força necessária para atingir suas metas e objetivos. Há um "esforço principal" do líder em nutrir e cuidar desse núcleo permanentemente. Na perspectiva do combatente, esse valor está relacionado à autoconfiança para operar na certeza de que a rotina disciplinar orienta o combatente para a vitória certa, eliminando ao máximo a possibilidade de derrota. Acima de tudo, tem por base a crença fundamental de que a missão precisa ser cumprida e que não se deve desanimar ante as vicissitudes e dificuldades impostas, e, ainda, que cada indivíduo tem um papel. Dependerá de ele estar devidamente preparado para oferecer o seu melhor.

Versatilidade – na perspectiva do líder significa observar, escutar e aprender cada vez mais sobre a sua organização. Aproveitar cada oportunidade é o "esforço principal", além de alocar recursos para assegurar o seu sucesso. O combatente deve manter um espírito altivo e ser capaz de transitar por diferentes ambientes, comunicar-se com autoridades, moradores de comunidades e representantes de diversas entidades. O combatente deve representar sua missão e seus princípios onde quer que esteja.

Os valores do Bope refletidos no ambiente empresarial

VALOR	NO BOPE	NA EMPRESA
Agressividade controlada	A técnica suplanta a força. Nunca reagir pela força sem antes refletir.	Usar a razão em detrimento da ação sem reflexão. Não se utilizar do poder do cargo, mas saber ouvir e posicionar-se quando a situação assim solicita. Acolher o erro do outro e compreender que as pessoas podem enxergar o mundo por lógicas diferentes.
Controle emocional	Manter o controle para tomar decisões assertivas ante a situações extremas.	Resistir aos momentos de crise e conflito, buscando manter-se emocionalmente estável para tomar decisões assertivas.
Disciplina consciente	Caminho de virtude pessoal para se alcançar um desempenho superior.	Compreender que não há liderança ou resultados superiores sem disciplina de trabalho.
Espírito de corpo	A excelência não está no talento isolado, mas na interdependência dos talentos.	Eleger o bem coletivo como meta e o bem pessoal como uma consequência. Não ceder ao egoísmo que isola o indivíduo dentro de seus próprios interesses.
Flexibilidade	Adaptar-se às diferentes circunstâncias apresentadas pelos desafios da operação.	Ajustar-se ao momento e ao contexto. O mundo é dinâmico. Adaptar-se ao novo é uma necessidade e uma virtude.
Honestidade	Com os outros, mas acima de tudo, com si próprio. Compreender os seus limites.	Não negociar valores. Diante das várias possibilidades, acolher o caminho da ética e da justiça apostando como única e verdadeira via de sucesso.

Iniciativa	Partir para a ação dentro dos limites possíveis, antecipar-se e colocar-se à disposição para agir.	Ser proativo e buscar inovar mesmo quando tudo corre bem. Recombinar, criar e propor novas formas de se enxergar as questões.
Lealdade	Pacto ético que protege o grupo e cada membro individualmente.	Ser leal. O mundo corporativo é competitivo, mas não destituído de regras. Ser constante e leal e agir com reciprocidade.
Liderança	Assumir o comando quando a situação pede. Estar pronto para qualquer situação.	A liderança é uma dimensão ao alcance de todos. Devotar-se ao desenvolvimento do outro. Confiar na capacidade do outro mesmo que ele não confie em si mesmo. Apostar na força da coletividade e mostrar um norte a ser seguido.
Perseverança	Nunca desistir ante às vicissitudes e dificuldades.	A vida é um combate que precisa ser sempre travado. Não contra os homens, mas principalmente um combate consigo mesmo. Não desistir nunca. Buscar vencer a si mesmo pela disciplina pessoal.
Versatilidade	Ser um representante de sua missão onde quer que esteja.	Reconhecer que o mundo do trabalho é dinâmico e no futuro haverá um novo desafio, num novo contexto. Ser capaz de acolher novos papéis no novo contexto. Optar pelo desafio que os outros rejeitam. Buscar construir o caminho baseado em seus valores.

Ensinamentos para as empresas

Nas equipes do Bope, assim como em outras organizações que atingem um padrão de excelência, sabe-se que por trás da construção de um padrão de excelência sempre há o empenho daqueles que, ao longo do tempo, compreendem que é necessário possuir tenacidade, perseverança e ação orientada por valores. Aparentemente, estudar uma equipe de forças especiais pode parecer estranho àqueles que vivem no mundo das empresas e sentem-se afastados da realidade desse tipo de operação, mas existe uma série de experiências na formação dessas equipes que podem nos ajudar a responder algumas perguntas sobre a gestão atual das empresas privadas: Como criar sentido e significado para o trabalho? Como construir um padrão de excelência na operação diante do risco e da incerteza? Que atributos são necessários para estimular o surgimento de lideranças autênticas e equipes coesas de alto desempenho?

Equipes de forças especiais são bons exemplos do exercício da flexibilização das estruturas organizacionais, algo cobiçado pelas empresas contemporâneas. Na formação dessas equipes há uma ruptura parcial com a estrutura militar tradicional, rígida, hierarquizada, e coordenada por autoridade e controle. Porque as burocracias militares tradicionais já não conseguiam oferecer respostas à altura dos desafios e ameaças externas que surgiam, houve a necessidade de se pensar estruturas mais eficientes, flexíveis e especializadas, e menos hierarquizadas. A necessidade de promover uma reunião das virtudes das hierarquias convencionais (organização, planejamento e foco) com as virtudes da coordenação informal (participação, liberdade de ação e flexibilidade). A virtude da gestão das equipes de forças especiais encontra-se exatamente no equilíbrio da combinação de elementos da hierarquia com elementos da organização espontânea, evitando os excessos do formalismo, burocratização e falta de autonomia, mas, também, a falta de coordenação e objetividade da ação. Para conquistar esse equilíbrio utiliza-se como premissa o engajamento incondicional com base em princípios para a ação e valores compartilhados, somados a um treinamento intensivo, o domínio da técnica e um rigoroso mecanismo de seleção.

Assim, alguns ensinamentos que advêm das equipes de forças especiais podem servir como fonte de inspiração e aprendizado para as empresas. Um deles é a construção de fortes vínculos de confiança e lealdade como base para ação coletiva. Outro é a combinação de uma doutrina rígida, treinamentos e técnicas para a construção da excelência operacional. Essa construção, portanto, não reside em um modelo de contrato formal. É, acima de tudo, uma construção social e simbólica, ou seja, cultural.

Muitos executivos e estudiosos das organizações concordam que as empresas contemporâneas passam por uma profunda crise de motivação para o trabalho. Atualmente um dos dilemas mais relevantes na vida corporativa é a construção de vínculos de confiança nas relações que se traduzam em cooperação espontânea e motivação, tarefa que geralmente é atribuída aos líderes. Mas, antes de ser um dilema das empresas, este é certamente um dilema da sociedade contemporânea. Vivemos atualmente numa sociedade mais individualista, de vínculos mais frágeis (nos contratos em geral: relações de trabalho, casamentos, amizades). A vida moderna propiciou maior independência e isolamento social. Na esfera do mundo do trabalho, relações menos dependentes eliminaram os acordos bilaterais de lealdade e fidelidade. A perspectiva das relações de curto prazo ameaça o sentimento de responsabilidade em relação às tarefas e ao comprometimento efetivo com resultados coletivos, e, consequentemente, reduz a possibilidade da construção de um padrão de excelência para a entrega de valor. Organizações que conseguem criar sentimento de pertencimento e significado para a execução das tarefas ordinárias, conquistando maior dedicação por parte dos colaboradores, adquirem um capital social que é hoje precondição fundamental para o surgimento de diferenciais competitivos.

Notas

Introdução

1. Pressupostos da Nova Economia Institucional.

Parte 1 – Confiança na vida econômica

1. Ver estudos sobre confiança em economia (Arrow, 1974; Ouchi, 1980; Kreps, 1990; Ostrom, 1990; Williamson, 1993; Chiles e McMackin, 1996; Ripperger, 1998; Gibbons, 2000), sociologia (Coleman, 1990; Gambetta, 1988; Fukuyama, 1996; Luhman, 2000) e em gestão organizacional (Zand, 1972; Whitner et al., 1998; Dirks e Ferrin, 2001).
2. Ver confiança e transferência do conhecimento (Rolland e Chauvel, 2000; Roberts, 2000), confiança para a melhoria da eficiência e da produtividade organizacional (Ring e van de Ven, 1992; Bradach e Eccles, 1989; Lane e Buchmann, 1998) e para a redução dos custos de transação (Kreps, 1990; Chiles e McMackin, 1996; Butter e Mosch, 2003).
3. Ver Luhman (2000).
4. Luhman (1979).
5. Ripperger (1998) e Alarioli Swirski e Souza (2005).
6. Ver Axelrod (1984), Kreps (1990) e Gibbons (2000).
7. Ver *Dilema dos prisioneiros* em Ordeshook (1986), Hardin (1971) e Osborne e Rubinstein (1994).
8. Ver este argumento em Orenstein (1998).
9. Gambetta (1988), Dunn (2000) e Luhmann (2000) compartilham a ideia de que a exploração do interesse alheio raramente funciona como um substituto adequado para as relações com base na confiança.
10. Ver Coleman (1990).

11. Aqui vale observar que a simples socialização dentro de uma cultura como fruto das relações de confiança não implica, necessariamente, cooperação. Para que haja efetivamente formas de cooperação espontânea faz-se necessário que esta socialização esteja, ainda que em parte, comprometida com a busca dos objetivos organizacionais.
12. Ver Teoria dos Custos de Transação em Williamson (1985 e 1996).
13. Ver Fukuyama (1996).
14. Este argumento pode ser encontrado em Gambetta (1988).
15. Ver Kreps (1990).
16. Ver Arrow (1974).
17. Ver Bradach e Eccles (1989), Nooteboom (1996), Ouchi (1980) e Ring e van de Vem (1992).
18. Ver Hayek (1989).
19. Ver Furubotn e Richter (2001).
20. Ver Lorenz (2000), Putnam (1996) e Castells (1999).
21. Esta definição foi criada originalmente por Russell Hardin (1998).
22. Ver Ripperger (1998).
23. Ver Ripperger (1998).
24. Ver Ripperger (1998).
25. Ver Ripperger (1998).
26. Ver confiança como elemento central em contratos relacionais em Kreps (1990), Wolff (1996), Casson (1997: 7-9), Gibbons (2000 e 2001). Gibbons (2001) observa que contratos relacionais são denominados por vezes *"self-enforcing"* ou "implícitos", ou ambos. O uso do termo "relacional" segue a terminologia da literatura legal, particularmente Macneil (1978). Para definições originais em contrato relacional na perspectiva econômica ver Simon (1951) e Bull (1987).
27. Ver Keefer e Knack (2005).
28. Bull (1987) usa a seguinte definição com base na teoria dos jogos para contratos implícitos: *"An implicit contract is a noncontractual agreement that corresponds to a Nash equilibrium to the repeated, post-hiring, bilateral trading game other than the degenerate agreement consisting of a sequence of Nash equilibria to the one-shot trading game."*
29. Ver Hardin (2002).
30. Ver Sutter e Kocher (2003). Ver também Casson (1997).
31. Ver Ripperger (1998) e Hardin (2003).

32. Ver Kreps (1990).
33. É nesse sentido que o economista Oliver Williamson afirma que a "atmosfera" e a "entrega em uma relação de troca satisfatória" são parte dos problemas econômicos relacionados aos custos de transação (Williamson, 1975 e 1996).
34. Ver Levy (1998).
35. Essa dimensão é observada por Zucker (1986).
36. Ver Furubotn e Richter (2001).
37. Por exemplo, Thietart e Xuereb (1998) desenvolveram um estudo sobre "incertezas" e "complexidades" no processo de inovação, especificamente o desenvolvimento de novos produtos. De acordo com esses autores, as incertezas surgem de três grandes áreas: clientes, tecnologia e competição. John e Weitz (1988) abordam incerteza sobre demanda pela previsibilidade e volatilidade das vendas. Walker e Weber (1987) acessam incerteza sobre demanda pelo volume de flutuações esperadas, incerteza sobre a estimativa de volumes e incerteza relativa à tecnologia por meio da frequência de mudanças na especificação de produtos e da probabilidade de melhorias tecnológicas. Klein et al. (1990) acessam incerteza externa por "volatilidade" e "diversidade".
38. Ver Coleman (1990) e Höhmann et al. (2002).
39. Ver Miles e Snow (1978) e Miller (1992).
40. Ver Cyert e March (1992).
41. Ver Nooteboom (2002).

Parte 2 – Confiança como ativo intangível organizacional

1. Ver Lorino (1992).
2. Ver Lorino (1992).
3. Ver Fukuyama (2000).
4. Ver Peter Drucker em *Sociedade pós-capitalista* (1993).
5. Ver Lane e Buchmann (1998).
6. Ver Hayek (1989).
7. A análise dos ativos intangíveis na perspectiva contábil foi originalmente elaborada por Sérgio Caldas (2001).
8. Ver Baker et al. (1993), Ghoshal e Moran (1996) e Casson (1997).
9. A importância das relações de confiança tem sido reconhecida como foco de pesquisa nos últimos 40 anos, sendo exploradas em capítulos de livros ou em artigos acadêmicos teórico-empíricos. Ver Argyris (1962), Likert (1967), McGregor (1967), Mellinger (1959) e Read (1962).

10. Ver Zanini (2007).
11. Ver Zanini (2007).
12. Ver Dirks e Ferrin (2001).
13. Zanini (2007).
14. Kirkpatrick e Locke (1996) e Podsakoff, MacKenzie, Moorman e Fetter (1990).
15. Bass (1990), Hogan, Curphy e Hogan (1994) e Fleishman e Harris (1962).
16. Schriesheim, Castro e Cogliser (1999).
17. Ver Zanini, Migueles e Colmerauer (2014).
18. Ver Weber (2000).
19. Ver Coutu (1998) e Jarvenpaa et al. (1998).
20. Ver Wolff e Lazear (2001).
21. Ver Tyler (1998), Ostrom (2000) e Frey e Jegen (2001).
22. Ver Granovetter (1985).
23. Mark Casson (1997) e Fukuyama (1996).
24. Ver Mark Casson (1997).
25. Ver Banco Mundial (1997, 2005). Estudos do Banco Mundial apontam a confiança como um indicativo da saúde da economia de um país.
26. Ver Dirks (2000), Ferrin (2001), Maccurtain (2009), Aryee et al. (2002) e Zanini (2007).
27. Ver Aryee et al. (2002).
28. Dirks (2000), Ferrin (2002) e Dirks (2006).
29. Rolland (2000), Chauvel (2000), Roberts (2000) e Maccurtain (2009).
30. Brockner et al. (1997), Pillai et al. (1999) e Ugboro (2003).
31. Ring e van de Ven (1992), Lane e Bachmann (1998) e Sako (1998).
32. Zanini (2007).
33. Coleman (1990) e Wolff (2000).
34. Whitener et al. (1998).
35. Osterloh e Frey (2000) e Ouchi (1980).
36. Ouchi (1980), Adler (2001) e Maccurtain (2009).
37. Osterloh e Frey (2000) e Adler (2001).
38. van de Ven e Walker (1984) e Aulakh et al. (1996).
39. Ouchi (1980) e Dasgupta (2000).
40. Em última análise, como afirma Hadfield (2005), o que define primordialmente essa relação de custo e eficiência são os diversos arranjos institucionais que se traduzem em incertezas ambientais.

41. Zanini (2007).
42. van de Ven (2003).
43. Cotton e Tuttle (1986) realizaram uma meta-análise por meio de revisão na literatura.
44. Zanini (2007, 2011).
45. Audretsch e Thurik (2001).
46. Ver Casson (1997) e Fukuyama (1996).
47. Ver Hosmer (1995).
48. Ver Hosmer (1995), Pies (2001) e Suchanek e Waldkirch (2002).
49. Ver Zanini, Migueles e Colmerauer (2014).
50. Agostinho, Santo (2007).

Parte 3 – Confiança em ação: estudo de casos

1. Ver Burton-Jones (1999).
2. Ver Castells (1996), Argandona (2003) e Fransman (2002).
3. Ver Argandona (2003).
4. Ver Castells (1996), Argandona (2003) e Fransman (2002).
5. Ver Dosi (1988) e Rothwell (1992).
6. Ver Oit (2001).
7. Ver revista *Exame* (2004).
8. Essa é uma versão do artigo apresentado por Zanini et al. (2006). Até 2015, este representava o maior banco de dados do mundo no tema confiança, dentro de empresas privadas.
9. As sete empresas participantes foram classificadas em grupos representativos de empresas operando na Nova Economia e na Velha Economia. Os critérios propostos para a escolha das empresas seguem quatro relevantes características definidas de acordo com a revisão da literatura e observações empíricas sobre a realidade destas empresas, alinhadas à definição de Nova Economia apresentada por este estudo. O primeiro critério refere-se ao segmento industrial. Os demais critérios estão alinhados a algumas características específicas das indústrias. O estudo classificou as empresas observando o impacto das inovações tecnológicas na indústria por meio dos efeitos observados na capacidade de estimativa de demanda, a relevância das inovações tecnológicas e a intensidade da competição de mercado e a importância da diversificação de sistemas de produção e produtos para a sobrevivência da empresa no mercado.

Foi possível identificar aspectos consideráveis dos dados coletados das empresas, usados para a validação do agrupamento proposto. A classificação sugerida para as empresas deste estudo tem por base quatro fatores: 1) *O segmento industrial* – as empresas da Nova Economia são classificadas como produtoras, provedoras ou operadoras de produtos e serviços das tecnologias da informação e comunicação. Como observado anteriormente, empresas que operam mais próximas do paradigma da Nova Economia são responsáveis historicamente pelas revoluções tecnológicas ocorridas no setor, principalmente a partir da década de 1970, especificamente, as novas empresas de telecomunicações e informática (Castells, 1996). No entanto, observamos que a Nova Economia não é mutuamente excludente com as demais indústrias tradicionais, aqui classificadas como empresas da Velha Economia. A Nova Economia afeta diferentes segmentos industriais, embora em diferentes graus. Assim, as empresas da Velha Economia são classificadas aqui como as empresas que usam produtos e serviços das tecnologias da informação e comunicação, como meio de produção, e não como fim. 2) *A natureza do processo produtivo* – observando o processo produtivo dentro das empresas podemos entender que as organizações de um determinado segmento industrial se diferenciam pelo impacto da variação e estimativa de demanda sobre as estruturas organizacionais e pela divisão funcional das funções das unidades e dos indivíduos. Estas características estão relacionadas à intensidade das mudanças externas e às necessidades de adaptação, reorganização, flexibilidade da estrutura organizacional e dinâmica de trabalho. Nas indústrias caracterizadas como Velha Economia – tais como siderúrgicas, mineradoras e petroquímicas –, a expectativa de demanda de mercado pelo produto, as *commodities*, é bastante alta a longo prazo. A transformação dos métodos e processos produtivos é relativamente baixa, e embora o uso de novas tecnologias da informação e comunicação possa ser intenso, estas são apenas meios de produção. Essas indústrias não vendem tecnologias de informação e comunicação, mas podem eventualmente agregar valor ao seu produto final, geralmente uma *commodity* de mercado. A relativa baixa intensidade de mudanças nas demandas estimadas permite a adoção de um processo de inovação tecnológica pautado em melhorias incrementais, que pode ser gerenciado treinando a força de trabalho continuamente. Nessas empresas, o desenvolvimento das tecnologias de produção segue trajetórias inovadoras e acontecem especialmente nos laboratórios de P&D (Pesquisa e Desenvolvimento). Como os processos produtivos são relativamente estáveis e as demandas previsíveis, o planejamento da produção tem perspectivas de longo prazo. Ao contrário, nas indústrias da Nova Economia, especialmente as de novas tecnologias da informação e comunicação, torna-se muito difícil estimar demandas por produtos a longo prazo. Principalmente por causa da intensidade das mudanças tecnológicas, não se pode saber ao certo até quando uma determinada tecnologia será lucrativa e permanecerá no mercado. Repentinas mudanças tecnológicas, por exemplo, podem tornar obsoleta uma linha de produção inteira. Desta forma, os processos produtivos tendem a mudar rapidamente como forma de adaptação às novas demandas e condições de mercado, e a necessidade por alta flexibilidade e readequação dos recursos impede o desenvolvimento de uma estrutura organizacional mais estável. Nesta dinâmica, as funções e papéis individuais não são claramente estabelecidos. Os papéis e funções dos gestores e colaboradores são definidos à medida que estes empregam seus conhecimentos e habilidades no desenvolvimento de novos processos, produtos e serviços. Na realidade, tendem a ser multitarefas, com foco em resultados de curto prazo. A importância da inovação e do conhecimento é fundamental para a sobrevivência e competitividade dessas empresas, e o desenvolvimento tecnológico não é um meio para um determinado fim, mas o fim em si mesmo. Quanto à necessidade de novas e constantes aquisições tecnológicas, pode ser necessário, ou eficiente, contratar colaboradores que já possuam determinados conhecimentos sobre tais tecnologias, ou que tenham maior aptidão para lidar com a intensidade das mudanças tecnológicas. Nas empresas da Nova Economia normalmente a rotatividade de funcionários poderá ser justificada pela volatilidade de mercado e pela modernização tecnológica. Nessas empresas o conhecimento é uma forma de investimento específico realizado pelo funcionário (por exemplo, na mudança da tecnologia analógica para digital, ou mais recentemente, na mudança da telefonia tradicional para telefonia via internet). Os custos de treinamento de mão de obra e o tempo necessário para treinar a força de trabalho são incentivos para a empresa optar pela substituição. Os contratos de trabalho tendem a ser mais transacionais, variando de acordo com cada projeto ou tecnologia. No caso das empresas na Velha Economia, esta relação é invertida. Uma vez que o desenvolvimento tecnológico segue trajetórias inovadoras, a força de trabalho tende a se tornar altamente especializada na tecnologia que a empresa utiliza (este é, por exemplo, o caso dos operadores nas indústrias siderúrgicas, químicas e petroquímicas) e a empresa depende em muito da habilidade de reter esta mão de obra especializada adequada ao longo do tempo aos processos produtivos. Isso permite a existência de políticas de Recursos Humanos, como planos de carreira e perspectivas de contrato de trabalho de longo prazo. 3) *A relativa dependência de inovações tecnológicas* – este fator refere-se à dependência por processo intensivo e contínuo de inovação por meio da aplicação do conhecimento como elemento- chave de produção nas empresas que operam mais próximas do paradigma da Nova Economia. Nas empresas da Velha Economia, embora possa haver a aplicação frequente do conhecimento nos processos produtivos, estas não estão sujeitas a perdas repentinas de competitividade em consequência da dependência da inovação tecnológica, como ocorre nas empresas da Nova Economia. Por causa da alta competitividade e da rápida obsolescência tecnológica, a dinâmica prevalecente dentro das empresas da Nova Economia é focada no desenvolvimento e/ou evolução das tecnologias da informação. Tal dependência está refletida nas tarefas rotineiras dessas empresas. Como observamos anteriormente, Castells (1999) descreve e diferencia a dinâmica de trabalho baseada na informação nomeando-a de informacionalismo, do tradicional industrialismo. Tal dinâmica ocorre com mais intensidade nas empresas de TIC onde a tecnologia é em si o produto. As empresas na Velha Economia são aqui caracterizadas pelo papel mais significante de outros fatores produtivos no industrialismo. O grupo de empresas na Velha Economia, portanto, é caracterizado pelo papel relativamente maior e mais significativo dos tradicionais fatores de produção, capital e trabalho. Ou seja, processos produtivos que requerem largas somas de recursos financeiros (capital), ou grande número de funcionários para a produção de um bem em particular. As empresas da Velha Economia são tradicionalmente caracterizadas por plantas industriais e linhas de produção, tendo suas atividades econômicas amplamente relacionadas a economias de escala e/ou sistemas de produção em massa. Exemplos clássicos de indústrias de capital intensivo são as empresas de refinamento de petróleo, siderúrgica e metal-mecânica. Exemplos clássicos de indústrias de trabalho intensivo são as empresas têxteis, agrícolas e restaurantes. Nesses casos, a dependência de inovações tecnológicas é relativamente baixa. As tecnologias seguem desenvolvimentos incrementais em trajetórias contínuas sobre padrões existentes. Como observamos, em muitos casos, essas empresas possuem seu processo de desenvolvimento tecnológico concentrados em laboratórios de pesquisa e desenvolvimento, como unidades de suporte, ou podem eventualmente terceirizar este processo pela aquisição de tecnologia em centros de pesquisa externos, de acordo com seus processos de produção e necessidades de mercado, que seguem rupturas relativamente lentas. 4) *A volatilidade de mercado* – este fator refere-se às incertezas sobre as demandas de mercado causadas pela ameaça da substituição tecnológica em concordância com um modelo de alta competição. Nesses casos, a incerteza relativa às demandas futuras e a competição são fortemente dependentes da obsolescência tecnológica. A posição de mercado dessas empresas é dirigida principalmente por mudanças radicais no equilíbrio entre competidores devido à capacidade de inovação e/ou estímulo a novas demandas por meio da criação ou melhoria de novas tecnologias. Neste sentido, a volatilidade de mercado é altamente dependente da volatilidade tecnológica. Os efeitos da volatilidade de mercado são ilustrados pelas rápidas mudanças dos preços relativos estimulados por intensa competição e obsolescência tecnológica. Na Nova Economia, os produtos apresentam ciclos de vida relativamente baixos e são sujeitos a constante substituição ou melhorias significativas. Adicionalmente à ameaça da substituição tecnológica, o modelo competitivo da indústria estimula a volatilidade de mercado. Devido aos relativos baixos custos de entrada, o modelo competitivo segue as empresas estabelecidas recentemente (entrantes) e empresas recém-privatizadas e reorganizadas (operadoras), que fomentam um alto nível de competição, como no caso da nova indústria das telecomunicações. Desta forma, as empresas da Nova Economia que operam sob alta competitividade de mercado e buscam constantemente vantagens competitivas por meio da inovação tecnológica estão sujeitas a seguidas reorganizações e reestruturações. Já as empresas da Velha Economia apresentam menor volatilidade de mercado devido à combinação de baixa dependência das mudanças tecnológicas e demandas estáveis de mercado, que permitem pouca mudança ou melhoria de produtos e menor necessidade de reorganização e adaptação interna em consequência de mudanças ambientais.

10. As escalas que representam os "indicadores de confiança" foram originalmente criadas por Whitener et al. (1998). São elas: Percepção de integridade e Consis-

tência na gestão; Percepção de compartilhamento e Delegação de autoridade; Percepção da demonstração de preocupação com os funcionários; e Percepção da comunicação interna. A "Consistência" refere-se à percepção do comportamento daquele em que se deposita a confiança (por exemplo, superiores ou gerentes) por meio da expectativa de reciprocidade e dignidade que a mesma possui em ser confiável. "Integridade" refere-se à percepção do nível com que a gestão da empresa, por meio de seus representantes, diz a verdade e cumpre com suas promessas. "Compartilhamento e delegação de autoridade" mede a percepção do grau de envolvimento dos funcionários nas decisões da empresa e como esta busca compartilhar tais decisões com eles. Essa atribuição adiciona valor ao envolvimento dos colaboradores ao se perceberem como parte do processo de decisão na organização e ao indicar quanto a empresa valoriza a contribuição de seus empregados. A "Demonstração de preocupação" com os funcionários refere-se à percepção destes quanto à disposição da gestão da empresa em se preocupar com o seu bem-estar na tomada de decisões importantes ou mesmo rotineiras em detrimento a outros interesses. A "Percepção da comunicação interna" está relacionada ao grau de acessibilidade, confiabilidade e transparência da informação que é compartilhada com os colaboradores.

11. As três escalas de comprometimento dos funcionários foram originalmente criadas por Meyer e Allen (1997). São elas: "Comprometimento afetivo" refere-se a sentimentos de pertencimentos à organização e a existência de laços emocionais; "Comprometimento de continuidade" refere-se a percepções de poucas oportunidades fora da empresa, investimentos pessoais já realizados na empresa e dificuldades ocasionais que possam impedir o contratado de deixar a empresa; e "Comprometimento normativo" refere-se a sentimentos de dever e obrigação para com a empresa como fruto da socialização na cultura organizacional.

12. Ao todo 2.140 questionários foram distribuídos às sete empresas participantes. Foram coletados, e posteriormente validados, 1.621 questionários, representando um percentual de retorno de 76,78%. Foi possível obter observações suficientes para a consideração de três amostras secundárias: a amostra composta pelas empresas da Nova Economia, com 803 questionários válidos, e a amostra composta pelas empresas da Velha Economia, com 645 questionários válidos. Adicionalmente 188 questionários válidos representaram a amostra secundária do grupo *Alternativo*, especificamente da empresa Mídia. O primeiro questionário selecionado para a pesquisa contendo as escalas de confiança

foi criado por Nicole Gillespie (2003). Nicole Gillespie, da Melbourne Business School, University of Melbourne, Austrália (ver Gillespie, 2003). O segundo questionário selecionado para a pesquisa foi criado por Isaiah O. Ugboro (2003). Isaiah O. Ugboro, da North Carolina A&T State University, EUA (ver Ugboro, 2003). O questionário possui duas escalas analisadas na pesquisa: as escalas representando os "indicadores de confiança" e as escalas que representam o "comprometimento dos funcionários". As escalas representando os "indicadores de confiança" são compostas de 15 questões, na forma de afirmativas, na escala Likert de 1 a 5. As escalas que representam os "comprometimentos dos funcionários" são compostas de 18 questões, na forma de afirmativas, na escala Likert de 1 a 5. Como a pesquisa empírica foi realizada no Brasil, os questionários, originalmente concebidos em inglês, foram traduzidos para o português com o consentimento dos autores.

13. As escalas de confiança compõem-se de 30 questões, na forma de afirmativas, na escala Likert de 1 a 7, que estão divididas em três versões de 10 questões cada, representando três diferentes dimensões de confiança. As 10 primeiras questões acessam a confiança interpessoal do respondente e seu superior imediato. Outras 10 questões intermediárias acessam a confiança interpessoal do respondente a um colega de trabalho, por ele escolhido. As últimas 10 questões acessam a confiança do respondente em sua equipe de trabalho. Além disso, essas três dimensões de confiança interpessoal, de 10 questões cada, estão divididas em dois distintos grupos de fatores. As primeiras cinco questões de cada uma das escalas representam: confiança no superior, confiança em um colega de trabalho e confiança em sua equipe de trabalho, estas últimas abordam questões especificamente relacionadas à confiança em situações específicas no trabalho. Este grupo de perguntas é denominado *dimensão profissional*. As últimas cinco questões têm o objetivo de medir a confiança num nível mais subjetivo. Esse último grupo de cinco perguntas é denominado *dimensão pessoal*. O respondente é solicitado a indicar quanto está predisposto a se engajar em cada afirmativa, apontando, assim, para o tipo de comportamento de confiança com seu superior imediato, colega de trabalho e equipe de trabalho.
14. Ver Audretsch e Thurik (2001) e Argandona (2003).
15. A pesquisa formulou algumas questões que foram respondidas pelos altos gerentes dessas empresas, de forma que estes deveriam classificar suas empresas em uma escala de 1 (baixa ou rara frequência) até 5 (alta ou muita frequência).

Foi solicitado que considerassem as demais indústrias da economia. Essas entrevistas sugerem que itens como *inovação de produtos* e *mudança tecnológica* são fatores críticos que distinguem as empresas representantes da Nova Economia e da Velha Economia. Se comparadas com as empresas da Velha Economia, as empresas da Nova Economia apresentaram em geral maior número de produtos, de mudança significativa nos produtos existentes e de lançamento de novos produtos. Em concordância com a revisão na literatura, os dados empíricos do estudo revelam que *pesquisa* e *desenvolvimento de produtos* são dois outros fatores igualmente mais relevantes e frequentes dentro das empresas da Nova Economia. Esses dados confirmam empiricamente a premissa de uma relativa maior incerteza de demanda associada à competição e à mudança tecnológica no ambiente de negócios da Nova Economia. Outros dados coletados reforçam a observação da presença de maior incerteza institucional e instabilidade e maior frequência na mudança dos recursos internos das empresas na Nova Economia. Por exemplo, a média de *retenção de clientes* medida por anos nas empresas operando sob a Nova Economia é significativamente mais baixa quando comparada às empresas operando na Velha Economia (ver tabela 10). Além disso, o perfil do planejamento desses dois grupos de empresas apresenta diferenças significativas. Foram formuladas algumas questões a serem respondidas pelos altos gerentes destas empresas, de forma que estes deveriam classificar o tempo dominante para a orientação para o exercício efetivo do planejamento de suas empresas. As entrevistas sugerem que o tempo dominante para a orientação do exercício efetivo do planejamento é um fator crítico para a distinção do grupo de empresas da Nova Economia e da Velha Economia.

Finalmente, estes aspectos organizacionais mencionados são complementados com alguns dados sobre a gestão dos recursos humanos nestas empresas. Pode-se observar que a maior incerteza relativa influencia igualmente a gestão dos recursos humanos nas empresas operando mais próximas do paradigma da Nova Economia. As empresas da Velha Economia adotam políticas de recursos humanos comprometidas com a retenção de funcionários, como planos de carreira e políticas de não demissão da força de trabalho. Por outro lado, as empresas da Nova Economia possuem fortes políticas de distribuição de bônus por desempenho individual, incentivos à autogestão de carreira profissional e remuneração variável.

16. Por exemplo, observamos que os indivíduos que trabalhavam nas empresas da Nova Economia são mais jovens, possuem um perfil mais competitivo,

anseiam mais estabilidade no emprego e mais investimentos das empresas em seu desenvolvimento profissional. Esses jovens tiveram mais de dois empregos nos últimos oito anos e pretendem permanecer bem menos tempo no atual emprego, no máximo de dois a quatro anos. Observamos ainda os comentários desses respondentes nos questionários. Os indivíduos que trabalhavam nas empresas da Nova Economia que reclamavam mais do ambiente e das condições de trabalho demonstravam menos satisfação e motivação, e, como poderíamos esperar, criticavam de forma negativa a instabilidade e a incerteza que ronda seu presente e futuro na empresa.

17. A hipótese H1 foi testada através da comparação de médias, especificamente a Análise de Variância (ANOVA/t-test) considerando as amostras secundárias: Nova Economia, Velha Economia e Alternativo. Neste sentido, foi usado o teste de comparação múltipla Tukey-Kramer HSD para um μ estipulado em 0,10. De forma a facilitar a interpretação dos dados os valores de p (*p-values*) são apresentados. Para a inferência de nossos resultados indicando relevância estatística, observamos os valores de p (*p-values*) < 0,10. Para a inferência de nossos resultados indicando relevância estatística observamos os valores de p < 0, 010. Podemos observar que todas as variáveis das três dimensões que representam três diferentes escalas de confiança apresentam uma forte significância estatística entre a amostra da Nova Economia e a amostra da Velha Economia. A grande maioria dos valores de *p* encontrados é menor que 0,0001. A amostra denominada Alternativo, representando a empresa de Mídia, também apresenta relativa significância estatística quando comparado com a amostra das empresas da Velha Economia. Assim, ao comparar a amostra Alternativo com a amostra das empresas da Velha Economia, esta última apresenta em maior quantidade variáveis com níveis de confiança significantemente maiores. A amostra Alternativo apresenta quase nenhuma significância estatística quando comparada com a amostra representando as empresas da Nova Economia, com exceção de três variáveis. Consideramos, portanto, que os níveis de confiança da empresa de Mídia estão muito próximos àqueles encontrados nas empresas da Nova Economia.

18. Os resultados confirmaram as premissas do estudo sobre os efeitos imperativos das incertezas institucionais sobre os níveis de confiança dentro das empresas, e sugerem que as empresas que operam na Nova Economia possuem consideráveis dificuldades para o desenvolvimento da confiança interpessoal como

um mecanismo eficiente de controle. Tais observações permitem-nos concluir basicamente a existência de diferentes estilos de gestão, por meio de maior ou menor aplicação de mecanismos sociais de gestão como resposta a diferentes variáveis ambientais, sob *alta* e *baixa* incerteza.

19. Algumas variáveis representativas das escalas foram escolhidas aleatoriamente para a realização do teste de consistência de forma a proceder a verificação do alinhamento entre as variáveis "indicadores de confiança" e "comprometimento dos funcionários" com as variáveis representando as escalas de confiança. Após o teste de consistência, foi possível realizar o teste de correlação entre estas variáveis. O teste de correlação das variáveis quantifica a variação simultânea de duas variáveis. O teste Spearman's Rho foi realizado no software estatístico JMP IN® 4. Os valores p apresentaram uma forte correlação estatística entre as variáveis "indicadores de confiança" e "comprometimento dos funcionários" e as variáveis representando as escalas de confiança. Todos os resultados do teste Spearman's Rho foram encontrados na zona positiva.

20. O comprometimento dos funcionários é uma variável multidimensional relacionada ao nível de envolvimento que eles têm com a organização. Essas variáveis acessam a capacidade de retenção de colaboradores vinculada a sistema de incentivos aplicado. Legge (1995) observa que evidências empíricas apontam forte relação direta entre comprometimento e motivação e satisfação dos membros da equipe, e uma relação negativa entre comprometimento e rotatividade. Segundo Legge (1995), as variáveis relacionadas ao comprometimento dos funcionários estão intimamente relacionadas à capacidade da gestão para a promoção de mudança de cultura organizacional. Essas medidas constituem-se como o melhor indicador para acessar a rotatividade (motivada pelos empregados) e possuem uma forte relação com a satisfação e a motivação dos contratados, e uma relação moderada com o desempenho. Além disso, muitos trabalhos associam o conceito de "lealdade" às escalas de comprometimento dos funcionários.

21. Estas escalas revelaram uma percepção de que a empresa pouco se preocupa com o bem-estar dos seus membros de equipe quando na tomada de decisões importantes ou cotidianas em detrimento de outros interesses. Finalmente, podemos observar que, nas empresas da Nova Economia, o grau de acessibilidade, confiabilidade e transparência da informação que é compartilhada com os colaboradores é relativamente menor.

22. Ver Cotton e Tuttle (1986) e van de Steen (2003).
23. Segundo Robbins (2002), ambientes de negócios sob alta volatilidade de mercado e volatilidade tecnológica são mais suscetíveis a reduções da força de trabalho. De acordo com Abelson (1996), há uma forte relação indireta entre o comprometimento e a rotatividade, confirmada por este estudo.
24. Ver Milgrom e Roberts (1992) e Lazear (1998).
25. Ver este argumento em Brickley et al. (2001).
26. Ver este argumento em van de Steen (2003).
27. Ver Hom et al. (1979), Angle e Perry (1983) e Pierce e Dunham (1987).
28. Ver Albrecht e Travaglione (2003) e Aryee et al. (2002).
29. Taxa Composta Anual de Crescimento ou CAGR (*Compound Annual Growth Rate*).

BIBLIOGRAFIA

AGOSTINHO, Santo. *A cidade de Deus*. Bragança Paulista: Editora Universitária São Francisco, 2007.
ANDRADE, A.; ROSSETTI, J. P. *Governança corporativa*. 2. ed. São Paulo: Atlas, 2006.
ARGANDONA, A. *Ethical challenges of the New Economy*: an agenda of issues. Barcelona: Iese, mar. 2002.
_____. The New Economy: ethical issues. *Journal of Business Ethics*, v. 44, p. 3-22, 2003.
ARROW, K. J. *The limits of organization*. Nova York: W.W. Norton & Company Inc., 1974.
AXELROD, R. *The evolution of cooperation*. Nova York: Basic Books, 1984.
BRADACH, J. L.; ECCLES, R. G.; PRICE. Authority and trust: from ideal types to plural forms. *Annual Review of Sociology*, n. 15, p. 97-118, 1989.
BECKERT, J.; METZNER, A.; ROEHL, H. Vertrauenserosion als organisatorische Gefahr und wie ihr zu begegnen ist. *Organisationsentwicklung*, n. 3, p. 56-66, 1998.
BURTON-JONES, A. *Knowledge capitalism*: business work, and learning in the New Economy. Londres: Oxford University Press, 1999.
BUTTER, F. A. G. den; MOSCH, R. H. J. *Trade, trust and transaction costs*. Department of Economics, Vrije Universiteit Amsterdam and Tinbergen Institute, out. 2003. (Discussion paper, version 7 out. 2003). Disponível em: <http://papers.ssrn.com/sol3/papers.cfm/abstract_id=459501>. Acesso em: 10 fev. 2005.
CALDAS, S. L. *Parcerias empresariais*: contribuição à avaliação de ativos na formação de *joint ventures*. Dissertação (mestrado) – Ebape/FGV, 2001.
CAMPBELL, F.; WORRALL, L.; COOPER, C. *The psychological effects of downsizing and privatization*. University of Wolverhampton, UK, 2000. (Working series, n. WP001/00).
CASSON, M. *The economics of business culture*. Oxford: Oxford University Press, 1997.
CASTELLS, M. *A sociedade em rede*. 4. ed., São Paulo: Paz e Terra, 1999.
CLAUSEWITZ, C. V. *Da guerra*. São Paulo: Martins Fontes, 1996.

CHILES, T. H.; McMackin, J. F. Integrating variable risk preference, trust and transaction cost economics. *Academy of Management Review*, n. 21, p. 72-99, 1996.

COLEMAN, J. *Foundations of social theory*. Cambridge, MA e Londres: Harvard University Press, 1990.

COOPER, C. L.; BURKE, R. J. *The New World of work*: challenges and opportunities. Oxford, UK: Blackwell, 2002.

CORIAT, B.; GUENNIF, S. Self-interest, trust and Institutions. In: LAZARIC, N.; LORENZ, E. (Eds.), *Trust and economic learning*. Cheltenham, UK: Edward Elgar, 1998.

COUTU, D. Trust in virtual teams. Boston, *Harvard Business Review*, p. 20-21, maio/jun. 1998.

COVEY, S. R. *O 8º Hábito*: da *eficácia à grandeza*. Rio de Janeiro: Campus, 2005.

COWAN, R.; JONARD, N.; ZIMMERMANN, J. *Strategic alliances, innovation and emergence of organized proximity*. Denmark: Elsinore, jun. 2004. p. 14-16. (Working paper). Disponível em: <www.druid.dk/conferences/summer2004/papers/ds2004-59.pdf>. Acesso em: 10 fev. 2005.

CYERT, R. M.; JAMES, G. M. *A behavioral theory of the firm*. Englewood Cliffs, NJ: Prentice Hall, 1963.

DANTAS, M. *A lógica do capital-informação*. 2. ed. Rio de Janeiro: Contraponto, 2002.

DEUTSCH, M. Trust and suspicion. *The Journal of Conflict Resolution*, n. 2, p. 265-279, 1958.

_____. Cooperation and trust: some theoretical notes. In: JONES, M. R. (Ed.). *Nebraska Symposium on Motivation*. Lincoln: University of Nebraska Press, 1962. p. 275-319.

DIRKS, K. T.; FERRIN, D. L. The role of trust in organizational settings. *Organization Science*, 12, p. 450-467, 2001.

DON, E. K.; RYECROFT, R. W. *The complexity challenge*: technological innovation for the 21st Century. Londres: Pinter, 1999.

DONALDSON, T.; DUNFEE, T. W. *Ties that bind*. Boston, MA: Harvard Business School, 1999.

DUNN, John. Trust e political agency. In: GAMBETTA, Diego (Ed.). *Trust:* making and breaking cooperative relations, e book. Department of Sociology, University of Oxford, 2000. cap. 5, p. 73-93. Disponível em: <http://www.sociology.ox.ac.uk/papers/dunn73-93.doc>. Acesso em: 15 jan. 2005.

FARLEY, J.; KOBRIN, S. Organizing the global multinational form. In: BOWMAN; KOGUT (Eds.). *Redesigning the firm*. Nova York: Oxford University Press, 1995. p. 197-217.

FERRELL, O. C.; FRAEDRICH, J.; FERRELL, L. *Ética empresarial*: dilemas, tomada de decisões e casos. 4. ed. Rio de Janeiro: Reichmann & Affonso Editores, 2000.

FREEMAN, R. E. *Strategic management:* a stakeholder approach. Boston: Pitman, 1984.

FRIEDMAN, M. The social responsibility of business is to increase profits. *New York Times Magazine*, n. 33, p. 122-126, 13 set. 1970.

FUKUYAMA, F. *Confiança*: as virtudes sociais e a criação da prosperidade. Rio de Janeiro: Rocco, 1996.

_____. *A grande ruptura*: a natureza humana e a reconstrução da ordem social. Rio de Janeiro: Rocco, 2000.

GAMBETTA, D. Can We Trust Trust? In: GAMBETTA, D. (Ed.) *Trust:* making and breaking *cooperative* relations. Nova York: Blackwell, 1988.

_____. *The Sicilian mafia*: the business of private protection. Cambridge e Londres: Harvard University Press, 1993.

GARCIA, S. R. *Privatização e emprego no setor de telecomunicações*: novas oportunidades ou degradação do trabalho? O Caso do Rio Grande do Sul. (12)1 ago. 2004. v. 8, n. 170. Disponível em: <http://www.ub.es/geocrit/sn/sn-170-12.htm>. Acesso em: 10 fev. 2005.

GILLESPIE, N. Measuring trust in working relationships: the behavioral trust inventory. *Journal of Applied Psychology*, Austrália, Melbourne: University of Melbourne, jun. 2003.

GIBBONS, R. Trust in social structures: hobbes and coase meet repeated games. In: COOK, K. (Ed.), *Trust in society*. Nova York: Russell Sage Foundation, 2000.

HAYEK, F. Spontaneous ('grown') order and organized ('made') order. In: THOMPSON, G.; FRANCES, J.; LEVACIC, R.; MITCHELL, J. (Eds.). *Markets, hierarchies & networks* – the Coordination of Social Life. Londres: Sage, 1998. p. 293-301.

HARDIN, R. Collective action as an agreeable n-Prisoner's Dilemma. *Behavioral Science*, n. 16, p. 472-481, 1971.

_____. Trust in government. In: BRAITHWAITE, V.; LEVI, M. (Eds.). *Trust and governance*. Nova York: Russell Sage Foundation, 1998. v. 1, p. 9-27. (Series of Trust).

_____. *Trust and Trustworthiness*, Nova York: Russell Sage Foundation, 2002.

_____. Gaming trust. In: OSTROM, E.; WALKER, J. (Eds.). *Trust and reciprocity*. Nova York: Russell Sage Foundation, 2003.

HOSMER, L. T. Trust: The connecting link between organizational theory and philosophical ethics. *The Academy of Management Review*, v. 20, n. 2, p. 379-403, abr. 1995.

JARVENPAA, S. L.; KNOLL, K.; LEIDNER, D. E. Is anybody out there? Antecedents of trust in global virtual teams. *Journal of Management Information Systems*, v. 14, n. 4, p. 29-64, 1998.

KEEFER, P.; KNACK, S. Social capital, social norms and the new institutional economics. In: MÉNARD, C.; SHIRLEY, M. M. (Eds.). *Handbook of new institutional economics*. Nova York: Springer, 2005. p. 701-726.

KLEIN, B.; CRAWFORD, R. G.; ALCHIAN, A. A. Vertical integration, approbrible rents, and the competitive contracting process. *Journal of Law and Economics*, v. 21, n. 2, p. 297-326, out. 1978.

KREPS, D. M. Corporate culture and economic theory. In: ALT, James; SHEPSLE, Kenneth (Eds.). Cambridge: Cambridge University Press, 1990.

LANE, C.; BACHMANN, R. *Trust within and between organizations*: conceptual issues and empirical applications. Londres, UK: Oxford University Press, 1998.

LANGFRED, C. W. Too much of a good thing? Negative effects of high trust and individual autonomy in self-managing teams. *Academy of Management Journal*, v. 47, n. 3, p. 385-399, jun. 2004.

LEVY, B.; SPILLER, P. T. The institutional foundations of regulatory commitment: a competitive analysis of telecommunications regulation. *Journal of Law, Economics, and Organization*, v. 10, n. 2, p. 201-246, 1994.

LEVY, M. A state of trust. In: BRAITHWAITE, V.; LEVI, M. (Eds.). *Trust and governance*. Nova York: Russell Sage Foundation, 1998. p. 77-101.

LORENZ, Edward H. Neither friends nor strangers: informal networks of subcontracting in French industry. In: GAMBETTA, Diego (Ed.). *Trust:* making and breaking cooperative relations. eBook. Department of Sociology, University of Oxford, 2000. cap. 6, p. 194-210, Disponível em: <http://www.sociology.ox.ac.uk/papers/lorenz194-210.doc>. Acesso em: 15 jan. 2005.

LORINO, P. *O economista e o administrador*: elementos de microeconomia para uma nova gestão. São Paulo: Nobel, 1992.

LUHMANN, N. Trust: a mechanism for the reduction of social complexity. In: LUHMAN, N. *Trust and power*. Nova York: Wiley, 1980.

_____. Familiarity, confidence, trust: problems and alternatives. In: GAMBETTA, Diego (Ed.). *Trust:* making and breaking cooperative relations. eBook. Department of Sociology, University of Oxford, 2000. cap. 6, p. 94-107. Disponível em: <http://www.sociology.ox.ac.uk/papers/luhmann94-107.doc>. Acesso em: 15 jan. 2005.

MACNEIL, I. Contracts: adjustment of long-term economic relations under classical, neo-classical and relational contract law. Northwestern, *Law Review*, n. 72, p. 854-906, 1978.

MILGROM, P.; ROBERTS, J. *Economics, organization and management*. Nova Jersey, NJ: Prentice Hall, 1992.

MISZTAL, B. A. *Trust in modern societies*: the search for the bases of social order. Cambridge: Polity Press, 1996.

NOOTEBOOM, B. Trust, opportunism and governance: a process of control model. *Organization Studies*, v. 17, n. 6, p. 985-1010, 1996.

ORENSTEIN, L. *A estratégia da ação coletiva*. Rio de Janeiro: Revan, 1998.

OSTROM, E. *Governing commons:* the evolution of institutions for collective action. Cambridge: Cambridge University Press, 1990.

OIT. *Structural and Regulatory Changes and Globalization in Postal and Telecommunications Services*. Genebra: The Human Resources Dimension, 1998.

_____. *World Employment Report 2001:* Life at Work in the Information Economy. Genebra: International Labour Office, 2001.

_____. *Reunión Tripartita sobre Empleo, Empleabilidad e Igualdad de Oportunidades en los Servicios de Correos y Telecomunicaciones*, Genebra, 2002.

ORDESHOOK, Peter C. *Game theory and political theory*. Nova York: Cambridge University Press, 1986.
OSBORNE, Martin J.; RUBINSTEIN, A. *A course in game theory*. Cambridge: MIT Press, 1994.
OUCHI, W. G. Markets bureaucracies and clans. *Administrative Science Quarterly*, v. 25, p. 129-141, 1980.
PASTE. *Perspectiva para ampliação e modernização do Setor das Telecomunicações*. Anatel, 2000. Disponível em: <http://www.anatel.gov.br>.
PIES, I. Können Unternehmen Verantwortung tragen? Ein ökonomisches Gesprächsangebot an die philosophische Ethik. In: WIELAND, Josef (Hrsg.). *Die moralische*: Verantwortung kollektiver Akteure, Heidelberg, 2001. p. 171-199.
PUTNAM, R. D. *Comunidade e democracia*: a experiência da Itália Moderna. Rio de Janeiro: FGV, 1996.
_____. *Ökonomik des Vertauens*. Tübingen: Mohr Siebeck, 1998.
RING, P. S.; VAN DE VEN, A. H. Structuring cooperative relationships between: organizations. *Strategic Management Journal*, v. 13, p. 483-498, 1992.
ROBBINS, S. P. *Comportamento organizacional*. 9. ed. São Paulo: Prentice Hall, 2002.
ROLLAND, N.; CHAUVEL, D. Knowledge transfer in strategic alliances. In: DESPRES, C.; CHAUVEL, D. (Eds.). *Knowledge horizons:* the present and the promise of knowledge management. Boston, MA: Butterworth Heinemann, 2000. p. 225-236.
ROBERTS, J. From know-how to show-how? Questioning the role of information and communication technologies in knowledge transfer. *Technology Analysis and Strategic Management*, v. 12, n. 4, p. 429-443, 2000.
ROBERTS, J.; VAN DE STEEN, E. Human capital and corporate governance. In: SCHWALBACH, J. (Ed.). *Corporate governance essays in honor of horst albach*. Springer, 2001. p. 128-143.
SCHUMPETER, J. A. *Capitalism, socialism and democracy*. Nova York, N.Y: Harper & Row, 1942. reed. por Harper&Colophon em 1975.
SELZNICK, P. *Leadership in administration*: a sociological interpretation. Nova York: Harper&Row, 1957.
SEN, A. Isolation, assurance, and the social rate of discount. *Quarterly Journal of Economics*, v. 81, n. 1, p.112-124, 1967.
SILVA JUNIOR, A. B. *A empresa em rede*: desenvolvendo competências organizacionais. São Paulo: Elsevier, 2007.
SUCHANEK, A.; WALDKIRCH, R. *The task of business ethics*. Ingolstadt: Universität Eichstätt, 2002.
SUTTER, M.; KOCHER, M. G. *Age and the development of trust and reciprocity*. Max Planck Institute for Research into Economic Systems Jena, University of Inssbruck, 15 dez. 2003.
THOMPSON, G. Networks: introduction. In: THOMPSON, G.; FRANCES, J.; LEVACIC, R.; MITCHELL, J. (Eds.). *Markets, hierarchies and networks* – the Coordination of Social Life. Londres: Sage, 1998. p. 171-172.

TOSI, H. L.; RIZZO, J. R.; CARROLL, S. J. *Managing Organizational Behaviour.* 3. ed. Cambridge, MA: Blackwell Publishers, 1994.

UGBORO, I. O. Influence of managerial trust on survivors' perceptions of Job Insecurity and Organizational Commitment in a Post Restructuring and Downsizing Environment. *Journal of Behavioral and Applied Management,* v. 4, n. 3, p. 231-253, 2003.

VOGT, J. *Vertrauen und Kontrolle in Transaktionen:* eine institutionenökonomische Analyse. Wiesbaden: Gabler, 1997.

WEBER, M. *Ensaios de sociologia.* 5. Ed. Rio de Janeiro: LTC, 2000.

WHITENER, E. M.; BRODT, S. E.; KORSGAARD, M. A.; WERNER, J. M. Managers as initiators of trust: an exchange relationship framework for understanding managerial trustworthy behavior. *Academy of Management Review,* v. 23, p. 513-530, 1998.

WILLIAMSON, O. E. Calculativeness, trust, and economic organization. *Journal of Law & Economics,* n. 30, p. 131-145, 1993.

_____. *Markets and hierarchies: analysis and antitrust implications.* Nova York: The Free Press, 1975.

_____. *The mechanisms of governance.* Oxford: Oxford University Press, 1996.

WOLFF, B. Constitutional contracting and corporate constitution. In: PICOT, A.; SCHLICHT, E. (Eds.). *Perspectives on contract theory,* 1996. p. 95-108.

ZAND, D. E. Trust and managerial problem solving. *Administrative Science Quarterly,* v. 17, p. 229-239, 1972.

_____. *The leadership triad: knowledge, trust, and power.* Nova York: Oxford Press, 1997.

ZANINI, M. T. Relações de confiança nas empresas da Nova Economia Informacional: uma avaliação dos efeitos da incerteza sobre o comportamento organizacional. *Cadernos EBABE.BR,* n. 4, dez. 2005.

_____. Os efeitos da incerteza sobre as relações de confiança na Nova Economia Informacional. *Revista Portuguesa e Brasileira de Gestão,* v. 5, n. 1, jan./mar. 2006.

_____. *Confiança:* o principal ativo intangível de uma empresa. Rio de Janeiro: Campus/Elsevier, 2007.

_____. (Org.). *Gestão integrada de ativos intangíveis.* Rio de Janeiro: Qualitymark, 2009.

_____; LUSK, E. J.; WOLFF, B. Confiança dentro das organizações da Nova Economia: uma análise empírica sobre os efeitos da incerteza institucional. *Revista Organização & Sociedade,* jul. 2006.

_____; MIGUELES, C. (Org.). *Liderança baseada em valores.* Rio de Janeiro: Campus/Elsevier, 2009.

_____; _____; COLMERAUER, M. *A ponta da lança.* Rio de Janeiro: Campus/Elsevier, 2014.

ZUCKER, L. G. Production of trust institutional sources of economic structure, 1840-1920. *Research in Organizational Behavior,* n. 8, p. 53-111, 1986.

O AUTOR

Marco Tulio Zanini, PhD, é consultor de empresas e professor especialista no diagnóstico estratégico de ativos intangíveis organizacionais. Pioneiro no Brasil nos estudos sobre confiança e liderança nas organizações. Colunista do jornal *Valor Econômico* desde 2010, foi eleito Personalidade de RH do Ano em 2013 pela Associação Brasileira de Treinamento e Desenvolvimento. Palestrante convidado para o Fórum HSM de Liderança e Estratégia.

É sócio-fundador da Symbállein, empresa especializada no diagnóstico estratégico da cultura e ativos intangíveis organizacionais. (www.symballein.com.br).

Professor da Escola Brasileira de Administração Pública e de Empresa da FGV no Rio de Janeiro, especialista nas áreas de liderança, gestão estratégica de pessoas, gestão de ativos intangíveis e ética empresarial. Professor associado da Georgetown University (EUA) e Esade (Espanha). Professor visitante da Universidade de Magdeburg (Alemanha). Professor titular da Fundação Dom Cabral de 2006 a 2011, atualmente professor convidado.

Doutor em *Management* pela Universidade de Magdeburg, Alemanha, onde gerenciou projetos de pesquisa em nível internacional e trabalhou como professor e pesquisador nas áreas de gestão estratégica do valor intangível. Mestre em Gestão Empresarial pela FGV. Executivo e consultor em empresas de grande porte no Brasil e no exterior. Atuou em vários projetos educacionais para o desenvolvimento de executivos em diversas empresas no Brasil.

Autor de vários trabalhos acadêmicos e não acadêmicos publicados no Brasil e no exterior sobre o tema *confiança e liderança*. Foi organizador e autor dos livros *Gestão integrada de ativos intangíveis* (2009), *Liderança baseada em valores* (2009), *A ponta da lança* (2014) e *Excelência em gestão pública* (2015). Na Alemanha, publicou *Trust within organizations of the New Economy: a Cross-Industrial Study* (2007).

Impressão e acabamento:

Grupo SmartPrinter
Soluções em impressão